www.ingramcontent.com/pod-product-compliance
Lightning Source LLC
Chambersburg PA
CBHW050431170426
43201CB00008B/623

Y.² 348.197G.

R.w.p.g.²
2753
(1)

AVADORO,

HISTOIRE ESPAGNOLE.

AVADORO,

HISTOIRE ESPAGNOLE,

Par M. L. C. J. P.

TOME PREMIER.

DE L'IMPRIMERIE DE J.-P. JACOB, A VERSAILLES.

PARIS,

GIDE FILS, LIBRAIRE, RUE COLBERT, N.° 2,
PRÈS LA RUE VIVIENNE.

H. NICOLLE, RUE DE SEINE, N.° 12.

1813.

HISTOIRE

D'AVADORO.

Mon père, don Phelippe Avadoro, bon gentilhomme de la Castille nouvelle, était fort connu à Madrid, par son caractère grave et méthodique. Cette dernière qualité, il la poussait si loin, que l'histoire d'une de ses journées, peut être regardée comme celle de sa vie entière.

Il était encore sous l'autorité paternelle, lorsqu'il se prit d'une tendre habitude pour une parente éloignée, qu'il épousa aussitôt qu'il en fut le maître.

Elle mourut en me mettant au monde ; et mon père, inconsolable de sa perte, se renferma chez lui pendant plusieurs mois, sans vouloir même recevoir ses proches. Le temps, qui adoucit toutes les peines, calma aussi sa douleur. On le vit ouvrir la porte de son balcon qui donnait sur la rue de Tolède, il y respira l'air frais pendant un quart d'heure, et alla ensuite à une fenêtre qui donnait sur une rue de traverse.

Il aperçut, dans la maison vis-à-vis, quelques personnes de sa connaissance, et il les salua d'un air assez gai. On lui vit faire les mêmes choses les jours suivans; et ce changement dans sa manière de vivre, fut enfin connu de Fra-Héronimo Sansez, théatin, oncle de ma mère.

Ce religieux se transporta chez mon père, lui fit compliment sur le retour de sa santé, lui parla peu de consolations, mais beaucoup du besoin qu'il avait de se distraire. Il poussa même l'indulgence jusqu'à lui conseiller d'aller à la comédie. Mon père, qui avait la plus grande confiance en Fra-Héronimo, alla, dès le même soir, au théâtre de la Cruz. On y jouait une pièce nouvelle, qui était soutenue par tout le parti des Pollacos, tandis que celui des Sorices cherchait à la faire tomber. Le jeu de ces factions intéressa mon père, et, depuis lors, il n'a jamais manqué volontairement un seul spectacle. Il s'attacha même particulièrement au parti des Pollacos, et n'allait au théâtre du Prince, que lorsque celui de la Cruz était fermé.

Vous savez qu'à Madrid les hommes font une double haie pour forcer les femmes à défiler une à une; mon père se mettait au bout de la file, et, dès que la dernière femme était passée, il prenait le chemin de la Croix de Malte, où il faisait un léger souper avant de rentrer chez lui.

Le matin, le premier soin de mon père était d'ouvrir le balcon qui donnait sur la rue de Tolède. Il y respirait l'air frais pendant un quart d'heure, puis il allait ouvrir la fenêtre qui donnait dans la petite rue. S'il y avait quelqu'un à la fenêtre vis-à-vis, il saluait d'un air gracieux, en disant *agour*, et refermait ensuite la fenêtre.

Ce mot *agour*, je vous salue, était quelquefois le seul qu'il prononçât de toute la journée, car bien qu'il s'intéressât vivement au succès de toutes les comédies que l'on donnait au théâtre de la Cruz, il ne témoignait cet intérêt qu'en battant des mains, et jamais par des paroles. S'il n'y avait personne à la fenêtre vis-à-vis, il attendait patiemment que quelqu'un parût pour placer son gracieux *agour*.

Ensuite, mon père allait à la

messe aux Théatins. Il trouvait, à son retour, la chambre faite par la servante de la maison, et prenait un soin particulier à remettre chaque meuble à la place où il avait été la veille. Il y mettait une attention extraordinaire, et découvrait à l'instant le moindre brin de paille ou grain de poussière qui avait échappé au balai de la servante.

Lorsque mon père était satisfait de l'ordre de sa chambre, il prenait un compas et des ciseaux, et coupait vingt-quatre morceaux de papier d'une grandeur égale, les remplissait d'une traînée de tabac du Brésil, et en faisait vingt-quatre cigares, si bien pliées, si unies, qu'on pouvait les regarder comme les plus parfaites cigares de toute l'Espagne. Il fumait six de ces chefs-d'œuvre en comptant les tuiles du palais d'Albe, et six en comptant les gens qui entraient par la porte de Tolède. Ensuite, il regardait la porte de sa chambre jusqu'à ce qu'il vît arriver son dîner.

Après le dîner, il fumait les douze autres cigares; puis il fixait les yeux sur la pendule, jusqu'à ce qu'elle sonnât l'heure du spectacle. S'il n'y en avait à aucun théâtre, il allait chez le libraire Moréno. Quelques gens de lettres s'y rassemblaient ces jours-là; il les écoutait avec plaisir, mais sans se mêler à leurs entretiens. Lorsqu'il était malade, il faisait chercher la pièce que l'on jouait au théâtre de la Cruz; et, à l'heure du spectacle, il lisait la pièce, sans oublier d'applaudir tous les passages que la faction des Pollacos avait coutume de relever.

Cette vie était fort innocente. Cependant mon père, songeant à remplir les devoirs de sa religion, demanda un confesseur aux Théatins. On lui amena mon grand oncle Fra-Héronimo, qui prit cette occasion de lui rappeler que j'étais au monde, et dans la maison de dona Féliz Dalanoza, sœur de ma défunte mère. Soit que mon père craignît que ma vue ne lui rappelât la personne chérie dont j'avais innocemment causé la mort, ou que peut-être il ne voulût pas que mes cris enfantins troublassent ses habitudes silencieuses, toujours est-il certain qu'il pria Fra-Héronimo de ne point me rapprocher de lui, mais en même temps il pourvut à mon entretien, en m'assignant le revenu d'une ferme qu'il avait dans les environs de Madrid, et en confia la direction au procureur des Théatins.

Hélas ! il semble que mon père, en m'éloignant ainsi de lui, ait eu quelque pressentiment de la prodigieuse différence que la nature avait mise entre nos caractères. On a vu combien il était méthodique ; et je puis assurer qu'il serait impossible de trouver un homme plus inconstant que moi.

Ma tante Dalanosa m'avait retiré chez elle. Elle n'avait point d'enfant, et semblait avoir réuni en ma faveur toute l'indulgence des mères à toute celle des tantes; en un mot, je fus un enfant gâté. Je le fus même tous les jours davantage; car, à mesure que je croissais en forces et en intelligence, j'étais aussi plus tenté d'abuser des bontés que l'on avait pour moi. D'un autre côté, n'éprouvant point d'oppositions à mes volontés, je ne résistais pas à celles des autres, ce qui me donnait presque l'air de la docilité. Ma tante accompagnait ses ordres d'un certain sourire caressant auquel j'obéissais toujours.

Tel que j'étais, enfin, la bonne

Dalanosa se persuada que la nature, aidée de ses soins, avait fait de moi un chef-d'œuvre. Mais un point essentiel manquait à son bonheur, c'était de ne pouvoir rendre mon père témoin de mes prétendus progrès, et le convaincre de mes perfections; car il s'obstinait toujours à ne me point voir.

Mais quelle est l'obstination dont une femme ne vienne point à bout. Madame Dalanosa agit avec tant d'efficacité sur son oncle Héronimo, qu'il se résolut à en parler à mon père, à sa première confession, et lui faire un cas de conscience de la cruelle indifférence qu'il témoignait à un enfant qui ne pouvait avoir aucun tort avec lui.

Le père Héronimo le fit comme il l'avait promis à ma tante. Mais mon père ne put, dans le plus grand effroi, songer à me recevoir dans l'intérieur de sa chambre. Le père Héronimo proposa une entrevue au jardin du Buen-Retiro; mais cette promenade n'entrait point dans le plan uniforme et méthodique dont mon père ne s'écartait jamais. Plutôt que de s'y résoudre, il consentit à me recevoir chez lui; et le père Héronimo annonça cette bonne nouvelle à ma tante, qui pensa en mourir de joie.

Je dois vous apprendre que dix années d'hypocondrie avaient fort ajouté aux singularités de la vie de mon père. Entr'autres manies, il avait pris celle de faire de l'encre; et voici comment le goût lui en était venu. Un jour il se trouvait chez le libraire Moréno, avec plusieurs des plus beaux esprits de l'Espagne. La conversation tomba sur la difficulté qu'il y avait à trouver de la bonne encre. Chacun dit qu'il n'en avait point vu, qu'il avait vainement tenté d'en faire. Moréno dit qu'il avait dans son magasin un recueil de recettes où l'on trouverait sûrement à s'instruire sur cet objet. Il alla chercher le volume en question, et ne le trouva pas tout de suite. Lorsqu'il revint, la conversation avait changé d'objet. On s'était animé sur le succès d'une pièce nouvelle; personne ne voulut parler d'encre, ni ouvrir le recueil de recettes. Il n'en fut pas de même de mon père. Il prit le livre, trouva la composition de l'encre, et fut très-surpris de comprendre si bien une chose que les plus beaux esprits de l'Espagne regardaient comme très-difficile. En effet, il ne s'agissait que de mêler de la teinture de noix de gale, avec une solution de vitriol, et d'y ajouter de la gomme. L'auteur avertissait qu'on n'aurait jamais de bonne encre, qu'autant qu'on en ferait une grande quantité à la fois; qu'on tiendrait le mélange chaud, et qu'on le remuerait souvent, parce que la gomme, n'ayant aucune affinité avec les substances métalliques, tendait toujours à s'en séparer; que, de plus, la gomme en elle-même tendait à une dissolution putride, qu'on ne pouvait prévenir qu'en y ajoutant une petite dose d'alcohol.

Mon père acheta le livre, et se procura, dès le lendemain, les ingrédiens nécessaires, puis une balance pour les doses, et enfin, le plus grand flacon qu'il put trouver dans Madrid, parce que son auteur recommandait de faire l'encre en grande quantité à la fois. L'opération réussit parfaitement. Mon père porta une bouteille de son encre aux beaux esprits rassemblés chez Moréno; tous la trouvèrent admirable, tous en voulurent avoir.

Mon père, dans sa vie retirée et

silencieuse, n'avait jamais eu l'occasion d'obliger qui que ce fût, et moins encore celle de recevoir des louanges. Il trouva qu'il était doux d'obliger, plus doux encore d'être loué, et s'attacha singulièrement à la composition qui lui procurait des jouissances aussi agréables.

Voyant que les beaux esprits de Madrid avaient, en moins de rien, tari le plus grand flacon qu'il eut pu trouver dans toute la ville, mon père fit venir de Barcelone une dame-jeanne, de celles où les matelots de la Méditerranée mettent leur provision de vin. Il put faire ainsi, tout à la fois, vingt bouteilles d'encre, que les beaux esprits épuisèrent comme les précédentes, et toujours en comblant mon père de louanges et de remercîmens.

Mais plus les flacons de verre étaient grands, plus ils avaient d'inconvéniens. On ne pouvait y chauffer la composition, moins encore la remuer, surtout il était difficile de la transvaser. Mon père se décida donc à faire venir du Toboso, une de ces grandes jarres de terre dont on se sert pour la fabrication du salpêtre. Lorsqu'elle fut arrivée, il la fit maçonner sur un petit fourneau dans lequel on entretenait constamment le feu de quelques braises. Un robinet adapté au bas de la jarre, servait à en tirer le liquide, et, en montant sur le fourneau, on pouvait commodément le remuer avec un pilon de bois. Ces jarres ont la hauteur d'un homme; ainsi vous pouvez imaginer la quantité d'encre que mon père fit à la fois, et il avait soin d'en ajouter autant qu'il en ôtait. C'était une jouissance pour lui de voir entrer la servante ou le domestique de quelque homme de lettre fameux, pour lui demander de l'encre; et lorsque cet homme publiait quelque ouvrage, et qu'on en parlait chez Moréno, il souriait avec complaisance, comme y étant pour quelque chose. Enfin, pour vous tout dire, mon père ne fut plus connu dans la ville que sous le nom de *don Phelippe, Tintero largo*, ou don Phelippe, au grand Encrier. Son nom d'Avadoro n'était connu que d'un petit nombre de personnes.

— Je savais tout cela. J'avais entendu parler du caractère singulier de mon père, de l'ordre de sa chambre, de sa grande jarre d'encre, et je brûlais d'en juger par mes yeux. Pour ce qui est de ma tante, elle ne doutait pas que, dès que mon père aurait le bonheur de me voir, il renoncerait à toutes ses manies, pour ne plus s'occuper que du soin de m'admirer du matin au soir. Enfin le jour de la présentation fut fixé. Mon père se confessait au père Héronimo tous les derniers dimanches de chaque mois. Le Père devait encore le fortifier dans la résolution de me voir; enfin lui annoncer que je l'attendais chez lui, et l'accompagner jusqu'à son logement. Le père Héronimo, en nous faisant part de cet arrangement, me recommanda de ne toucher à rien dans la chambre de mon père. Je promis tout ce qu'on voulut, et ma tante se chargea de me garder à vue.

Enfin arriva le dimanche tant attendu; ma tante me fit mettre un habit de mohho, couleur de rose, relevé de franges d'argent, avec des boutons en topazes du Brésil. Elle m'assura que j'avais l'air de l'amour lui-même, et que mon père en deviendrait fou de joie. Remplis d'espérances flatteuses, nous nous acheminâmes gaîment, à travers la rue des Urselines, et nous gagnâmes le Prado, où plusieurs femmes s'arrêtèrent pour me caresser. Enfin nous arrivâmes dans la rue de Tolède ; enfin dans la maison de mon père. On nous ouvrit sa chambre ; et ma tante, qui redoutait ma vivacité, me plaça dans un fauteuil, s'assit vis-à-vis de moi, et se saisit des franges de mon écharpe pour m'empêcher de me lever et de toucher à quelque chose.

Je me dédommageai d'abord de cette contrainte, en promenant mes regards dans tous les coins de la chambre, dont j'admirai la propreté. L'endroit destiné à la fabrication de l'encre, était aussi propre, et aussi bien rangé que le reste. La grande jarre du Toboso en faisait comme l'ornement ; et, tout à côté, il y avait une grande armoire vitrée, où étaient rangés tous les ingrédiens et les instrumens.

La vue de cette armoire, étroite et haute, m'inspira un désir d'y monter, aussi soudain qu'irrésistible. Il me parut que rien ne serait plus agréable que de voir mon père me chercher en vain dans toute la chambre, et m'apercevoir enfin juché au-dessus de sa tête. Par un mouvement aussi prompt que la pensée, je me débarrassai de l'écharpe que tenait ma tante. Je m'élançai sur le fourneau, et de là sur l'armoire.

D'abord ma tante ne put s'empêcher d'applaudir à mon adresse, puis elle me conjura de descendre. Dans ce moment l'on nous annonça que mon père montait les escaliers. Ma tante se mit à genoux pour me prier de quitter mon poste. Je ne pus résister à ses touchantes supplications. Mais, en voulant descendre sur le fourneau, mon pied posa sur le bord de la jarre. Je voulus me retenir ; je sentis que j'allais entraîner l'armoire ; je lâchai les mains, et je tombai dans la jarre d'encre. Je m'y serais noyé ; mais ma tante prit le pilon qui servait à remuer la liqueur, en donna un grand coup sur la jarre, et la brisa en mille morceaux. Mon père entra; il vit un fleuve d'encre qui inondait sa chambre, et une petite figure noire qui la faisait retentir des plus affreux hurlemens. Il se précipita dans l'escalier, se démit le pied, et tomba évanoui.

Quant à moi, je ne hurlai pas long-temps; l'encre que j'avais avalée, me causa un mal-aise mortel. Je perdis connaissance, et je ne la recouvrai entièrement qu'après une maladie qui fut suivie d'une longue convalescence. Ce qui contribua le plus à ma guérison, fut que ma tante m'annonça que nous allions quitter Madrid, et nous établir à Burgos. L'idée d'un voyage me transporta de joie, et l'on craignit que je n'en perdisse la tête. L'extrême plaisir que j'en ressentais fut cependant troublé, lorsque ma tante me

demanda si je voulais aller dans sa chaise, ou bien être porté dans une litière. « Ni l'un ni l'autre (lui ré-
» pondis-je avec le plus extrême em-
» portement), je ne suis point une
» femme, je veux voyager à cheval, ou
» du moins sur une mule, avec un
» bon fusil de Ségovie accroché à ma
» selle, deux pistolets à ma ceinture
» et une épée de longueur. N'est-ce
» pas à moi de vous défendre. » — Je dis mille folies pareilles, qui me paraissaient les choses du monde les plus sensées, et qui étaient assez agréables dans la bouche d'un enfant de douze ans.

Les préparatifs du voyage me fournirent l'occasion de déployer une activité extraordinaire. J'allais, je venais, je portais, j'ordonnais, j'étais la mouche du coche, et j'avais réellement beaucoup à faire, car ma tante qui allait s'établir à Burgos, y portait tout son mobilier. Enfin arriva le jour fortuné du départ. Nous envoyâmes les gros bagages par la route d'Aranda, et nous prîmes celle de Valladolid.

Ma tante avait d'abord eu l'intention d'aller en chaise, mais voyant que j'étais décidé à monter une mule, elle prit le même parti. On lui mit, au lieu de selle, une petite chaise très-commode, montée sur un bât et surmontée d'un parasol. Un zagal marchait devant elle pour ôter jusqu'à l'apparence du danger. Tout le reste de notre train, qui occupait douze mules, avait très-bon air. Et moi, qui me regardais comme le chef de cette élégante caravane, j'étais tantôt à la tête, tantôt fermant la marche, et toujours quelqu'une de mes armes à la main, particulièrement à tous les détours du chemin et autres endroits suspects.

L'on imagine bien qu'il ne se présenta aucune occasion d'exercer ma valeur, et nous arrivâmes heureusement à Alabahos, où nous trouvâmes deux caravanes aussi nombreuses que la nôtre. Les bêtes étaient au ratelier, et les voyageurs à l'autre bout de l'écurie, dans la cuisine, qui n'était séparée de l'écurie que par quelques degrés en pierre. Il en était alors de même dans presque toutes les auberges de l'Espagne.

Toute la maison ne formait qu'une seule pièce fort longue, dont les mules occupaient la meilleure partie et les hommes la plus petite. Mais on n'était que plus gai. Le zagal, tout en étrillant les montures, décochait mille traits malins à l'hôtesse, qui lui répliquait avec la vivacité de son sexe et de son état, jusqu'à ce que l'hôte, interposant sa gravité, interrompit ces petits combats d'esprit, qui n'étaient suspendus que pour recommencer l'instant d'après. Les servantes faisaient retentir la maison du bruit de leurs castagnettes, et dansaient aux rauques chants du chevrier. Les voyageurs faisaient connaissance ; on se rassemblait autour de la brasière, chacun disait ce qu'il était, d'où il venait, et quelquefois racontait toute son histoire. C'était le bon temps. Aujourd'hui, l'on a de meilleurs gîtes; mais la vie sociale et tumultueuse des voyages d'alors avait des charmes que je ne saurais vous peindre. Tout ce que je puis vous dire, c'est que j'y fus alors si sensible, que je décidai dans mon petit cerveau de courir toute ma vie.

Cependant une circonstance particulière me confirma encore dans cette résolution. Après le souper, lorsque tous les voyageurs se furent rassemblés autour de la brasière, et que chacun eut raconté quelqu'avanture, l'un d'eux, qui n'avait pas ouvert la bouche, dit : « Messieurs, tout ce » qui vous est arrivé dans vos voyages » est sans doute fort intéressant, et

» je voudrais qu'il ne me fût pas
» arrivé pis; mais, en voyageant dans
» la Calabre, il m'est arrivé une avan-
» ture si extraordinaire, si surpre-
» nante, si effrayante, que je ne puis
» en écarter le souvenir. Il me pour-
» suit, m'obsède, empoisonne toutes
» les jouissances que je puis avoir,
» et c'est beaucoup si je n'en perds
» pas la raison. » — Un pareil début excita vivement la curiosité. On pria le voyageur de faire ce récit admirable; il se fit presser; enfin, il commença en ces termes :

HISTOIRE DE GIULIO ROMATI ET DE LA PRINCESSE DE MONT-SALERNE.

« Mon nom est Giulio Romati; mon père, appelé Pietro Romati, est le plus illustre des hommes de loi de Palerme, et même de la Sicile. Il est, comme vous le pouvez croire, fort attaché à une profession qui lui donne une existence honorable; mais encore plus attaché à la philosophie, il lui consacre tous les momens qu'il peut dérober aux affaires.

» Je puis, sans me vanter, dire que j'ai marché sur ses traces dans les deux carrières, car j'étais docteur en droit à l'âge de vingt-deux ans, et m'étant ensuite appliqué à l'astronomie, j'y réussis assez pour commenter Copernic et Galilée. Je ne vous dis point ces choses pour en tirer vanité; mais parce qu'ayant à vous entretenir d'une aventure très-surprenante, je ne veux pas être pris pour un homme crédule et superstitieux. J'en suis si éloigné, que la théologie est peut-être la seule science que j'aie constamment négligée. Quant aux autres, je m'y adonnais avec un zèle infatigable, ne connaissant d'autre récréation que dans le changement d'études.

» Tant d'application prit sur ma santé ; et mon père ne connaissant aucun genre de distraction qui pût me convenir, me proposa de voyager. Il exigea même de moi que je fisse le tour de l'Europe et que je ne revinsse en Sicile qu'au bout de quatre ans.

» J'eus d'abord beaucoup de peine à me séparer de mes livres, de mon cabinet, de mon observatoire ; mais mon père l'exigeait, il fallut obéir. Je ne fus pas plutôt en route, qu'il s'opéra en moi un changement très-favorable. Je retrouvai mon appétit, mes forces, en un mot, toute ma santé. J'avais d'abord voyagé en litière, mais dès la troisième journée je pris une mule, et je m'en trouvai bien.

» Beaucoup de gens connaissent le monde entier, excepté leur pays. Je ne voulus pas que le mien pût me reprocher un pareil travers, et je commencai mon voyage par visiter les merveilles que la nature a répandues dans notre île avec tant de profusion. Au lieu de suivre la côte de Palerme à Messine, je passai par Castro-Nuovo, Colsonizèse, et j'arrivai au pied de l'Etna, à un village dont j'ai oublié le nom. Là, je me préparai au voyage de la montagne, me proposant d'y consacrer un mois. J'y passai effectivement tout ce temps, occupé principalement à vérifier quelques expériences que l'on a faites depuis peu sur le baromètre. La nuit j'observais les astres, et j'eus le plaisir d'apercevoir deux étoiles qui n'étaient point visibles à l'observatoire de Palerme, parce qu'elles étaient au-dessous de son horizon.

» Ce fut avec un véritable regret que je quittai ces hauts lieux, où je croyais presque participer à l'harmonie des corps célestes dont j'avais tant étudié les lois. D'ailleurs il est certain que l'air plus rare des montagnes agit sur nos corps d'une façon toute particulière, en rendant notre pouls plus fréquent et le mouvement de nos poumons plus rapide; enfin, je quittai la montagne et je la descendis du côté de Catane.

» Cette ville est habitée par une noblesse aussi illustre que celle de Palerme, et plus éclairée. Ce n'est pas que les sciences exactes aient plus d'amateurs à Catane que dans le reste de notre île, mais l'on y était occupé des arts, des antiquités, de l'histoire ancienne des peuples qui ont habité la Sicile. Les fouilles surtout et les belles choses que l'on en obtenaient y faisaient le sujet de toutes les conversations.

» Alors précisément on venait de tirer du sein de la terre un très-beau morceau de marbre chargé de caractères inconnus. L'ayant examiné avec attention, je jugeai que l'inscription était en langue punique; et l'hébreu, que je sais assez bien, me mit à même de l'expliquer d'une manière qui satisfit les connaisseurs. Ce succès me valut un accueil obligeant, et les plus distingués de la ville voulurent m'y retenir par des offres de fortune assez séduisantes. Mais j'avais quitté Palerme dans d'autres vues, je refusai donc et prit le chemin de Messine. Cette place, fameuse par le commerce qui s'y fait, me retint une semaine entière, après quoi je passai le détroit et j'abordai à Reggio.

» Jusque-là mon voyage n'avait été qu'une partie de plaisir, mais à

Reggio l'entreprise devint plus sérieuse ; un bandit, nommé Zoto, désolait la Calabre, et la mer était couverte de pirates tripolains. Je ne savais absolument comment faire pour me rendre à Naples, et si je n'eusse été retenu par je ne sais quelle mauvaise honte, je serais retourné à Palerme.

» Il y avait déjà huit jours que j'étais retenu à Reggio et livré à ces incertitudes, lorsqu'un jour, après m'être assez long-temps promené sur le port, je m'assis sur des pierres du côté de la plage où il y avait le moins de monde.

» Là, je fus abordé par un homme d'une figure avantageuse, couvert d'un manteau écarlate. Il s'assit à côté de moi, et me dit : « Le seigneur

» Romati est-il occupé de quelque
» problême d'algèbre ou de géo-
» métrie?

» Point du tout (lui répondis-je), le
» seigneur Romati voudrait seulement
» aller de Reggio à Naples, et le pro-
» blême qui l'embarrasse en cet instant
» est de savoir comment il échappera
» à la bande du seigneur Zoto. »

» Alors l'inconnu prit un air fort
sérieux, et me dit : « Seigneur Ro-
» mati, vos talens font déjà honneur
» à votre pays. Vous lui en ferez
» encore plus lorsque les voyages que
» vous entreprenez auront étendu la
» sphère de vos connaissances. Zoto
» est trop galant homme pour vouloir
» vous arrêter dans une aussi noble
» entreprise ; prenez ces aigrettes

» rouges, mettez-en une à votre cha-
» peau, faites porter les autres à vos
» gens, et partez hardiment. Quant
» à moi, je suis ce Zoto que vous
» craignez tant. Et pour que vous
» n'en doutiez pas, je vais vous mon-
» trer les instrumens de ma profes-
» sion. » — En même temps il ouvrit
son manteau et me fit voir une ceinture de pistolets et de poignards,
puis il me serra affectueusement la
main et disparut.

» Le caractère connu de Zoto me
fit prendre une confiance entière aux
assurances qu'il m'avait données. Je
retournai très-satisfait à mon auberge,
et je fis chercher des muletiers. Il
s'en offrit plusieurs, car les bandits
ne leur faisaient aucun mal, non plus

qu'à leurs bêtes. Je choisis l'homme qui, parmi eux, jouissait de la meilleure réputation. Je pris une mule pour moi, une pour mon domestique, et deux pour mon bagage; le muletier en chef avait aussi sa mule, et deux valets suivaient à pied.

» Je partis le lendemain à la pointe du jour, et je ne fus pas plutôt en chemin que j'aperçus des partis de la bande de Zoto qui semblaient me suivre de loin, et se relayaient de distance en distance. Vous jugez bien qu'avec de telles escortes il ne pouvait m'arriver aucun mal.

» Je fis un voyage fort agréable, et ma santé se raffermissait de jour en jour. Je n'étais plus qu'à deux journées de Naples, lorsque j'eus l'idée de me détourner de mon chemin pour passer à Salerne. Cette curiosité était fort naturelle. La renaissance des arts est pour tous les pays l'époque historique la plus intéressante; l'école de Salerne avait été leur berceau en Italie; enfin, je ne sais quelle fatalité m'entraînait à ce funeste voyage.

» Je quittai le grand chemin à Monte-Brugio, et, conduit par un guide du village, je m'enfonçai dans le pays le plus sauvage qu'il soit possible d'imaginer. Sur le midi, nous arrivâmes à une masure toute ruinée que le guide m'assura être une auberge, mais je ne m'en serais pas douté à la réception de l'hôte, car, loin de m'offrir quelques provisions, il me demanda en grâce de lui faire part de celles que je pourrais avoir avec moi. J'avais effectivement des viandes froides, que je partageai avec lui, avec mon guide et mon valet. Les muletiers étaient restés à Monte-Brugio.

» Je quittai ce mauvais gîte vers les deux heures après midi ; bientôt après je découvris un château très-vaste situé sur le haut d'une montagne. Je demandai à mon guide comment ce château s'appelait et s'il était habité ? Il me répondit que dans le pays on appelait ce lieu *Lo Monte*, ou bien *Lo Castello*; que le château était entièrement désert et ruiné, mais que dans l'intérieur on avait bâti une chapelle, avec quelques cellules, où les Franciscains de Salerne entretenaient

habituellement quelques religieux. Puis il ajouta avec beaucoup de naïveté :
« On fait bien des histoires sur ce
» château, mais je ne puis vous en
» dire aucune, car dès qu'on com-
» mence d'en parler, je m'enfuis de
» la cuisine et je m'en vais chez ma
» belle-sœur la Pepa, où je trouve
» toujours quelque père Franciscain
» qui me donne son scapulaire à bai-
» ser. » — Je demandai si nous passerions près du château. Il me répondit que nous passerions à mi-côte, à une portée de fusil.

» Sur ces entrefaites le ciel se chargea de nuages, et sur le soir un orage affreux vint à fondre sur nos têtes. Nous étions alors sur un dos de montagne qui n'offrait aucun abri.

Le guide dit qu'il savait une caverne où nous pourrions nous mettre à couvert, mais que le chemin en était difficile. Je m'y hasardai. A peine étions-nous engagés entre les rochers, que le tonnerre tomba à côté de nous. Ma mule s'abattit, et je roulai de la hauteur de quelques toises, je m'accrochai à un arbre; et lorsque je sentis que j'étais sauvé, j'appelai mes compagnons de voyage, mais aucun ne répondit.

» Les éclairs se succédaient avec tant de rapidité qu'à leur lumière je pus distinguer les objets qui m'environnaient et changer de place avec quelque sûreté. J'avançai en me tenant aux arbres, et j'arrivai à une petite caverne qui, n'aboutissant à aucun chemin frayé, ne pouvait être celle où le guide voulait me conduire.

» Les averses, les coups de vent, les coups de tonnerre se succédaient sans interruption. Je grelotais dans mes habits mouillés, et il me fallut rester plusieurs heures dans cette situation fâcheuse. Tout à coup je crois entrevoir des flambeaux errans dans le creux du vallon, j'entends des cris, je pense que ce sont mes gens : j'appelle, on me répond.

» Bientôt je vois arriver un jeune homme de bonne mine, suivi de quelques valets, dont les uns portaient des flambeaux, d'autres des paquets de hardes. Le jeune homme me salua très-respectueusement, et me dit : « Seigneur Romati, nous

» appartenons à madame la princesse
» de Mont-Salerno; le guide que vous
» avez pris à Monte-Brugio nous a
» dit que vous vous étiez égaré dans
» ces montagnes. Nous vous cher-
» chons par ordre de la princesse.
» Prenez ces habits et suivez-nous
» au château.

» Quoi (lui répondis-je), vous
» voulez me conduire à ce château
» ruiné qui est au haut de la mon-
» tagne?

» Point du tout (reprit le jeune
» homme), vous verrez un palais
» superbe, et nous en sommes très-
» proches. » — Je jugeai qu'effectivement quelque princesse du pays
avait son habitation dans les environs.
Je m'habillai et suivis le jeune homme.

Bientôt je me trouvai devant un portail de marbre noir, et comme les flambeaux n'éclairaient point le reste de l'édifice, je n'en pus porter aucun jugement. Nous entrâmes. Le jeune homme me quitta au bas de l'escalier. Et lorsque j'en eus monté la première rampe, je trouvai une dame d'une beauté peu commune, qui me dit : « Monsieur Romati, madame
» la princesse de Mont-Salerno m'a
» chargé de vous faire voir les beautés
» de ce séjour. »

» Je lui répondis qu'en jugeant de la princesse par ses dames d'honneur, l'on en prenait une assez haute idée.

» En effet, la dame qui devait me conduire était, comme je l'ai déjà dit, d'une beauté parfaite, et son air était si noble, que ma première idée fut de la prendre pour la princesse elle-même. Je remarquai aussi qu'elle était mise à peu près comme nos portraits de famille faits dans le siècle dernier; mais j'imaginai que c'était-là le costume des dames de Naples, et qu'elles avaient repris d'anciennes modes.

» Nous entrâmes dans une salle où tout était d'argent massif. Le parquet était en carreaux d'argent, les uns mats, les autres polis; la tapisserie, aussi d'argent massif, imitait un damas dont le fond eût été poli et les ramages en argent mat. Le plafond était ciselé comme les menuiseries des anciens châteaux. Enfin, les lambris, les bords de la tapisserie, les lustres, les cadres, les tables étaient du travail d'orfèvrerie le plus admirable.

« Monsieur Romati (me dit la prétendue dame d'honneur), toute cette vaisselle vous arrête bien longtemps. Ce n'est ici que l'antichambre où se tiennent les valets de pied de madame la princesse. »

» Je ne répondis rien, et nous entrâmes dans une pièce à peu près semblable à la première, si ce n'est que tout y était en vermeil, avec des ornemens de cet or nuancé qui étaient fort à la mode il y a quelques cinquante ans. « Cette pièce (dit la dame) est l'antichambre où se tiennent les gentilshommes d'honneur, le majordome et les autres officiers de la maison. Vous ne

» verrez ni or ni argent dans les
» appartemens de la princesse ; la
» simplicité a seule le droit de lui
» plaire, vous en pourrez juger par
» cette salle à manger. » — Alors
elle ouvrit une porte latérale. Nous
entrâmes dans une salle dont les murs
étaient revêtus de pierres de couleur,
ayant pour frise un magnifique bas-
relief en marbre blanc qui régnait
tout autour. L'on y voyait aussi de
magnifiques buffets couverts de vases
en cristal de roche, et de jattes de la
plus belle porcelaine des Indes.

» Puis nous rentrâmes dans l'antichambre des officiers, d'où nous passâmes dans le salon de compagnie.
« Par exemple (dit la dame) je vous
» permets d'admirer cette pièce. » —

Je l'admirai en effet. Le parquet était en lapis, incrusté de pierres dures en mosaïque de Florence, dont une table coûte plusieurs années de travail. Le dessin avait une intention générale, et présentait l'ensemble le plus régulier; mais lorsqu'on en examinait les divers compartimens, on voyait que la plus grande variété dans les détails n'ôtait rien de l'effet que produit la symétrie. En effet, quoique ce fût toujours le même dessin, ici il offrait l'assemblage des fleurs les mieux nuancées; là, c'étaient les coquillages les mieux émaillés; plus loin, des papillons; ailleurs, des colibris; enfin, les plus belles pierres du monde étaient employées à l'imitation de ce que la nature a de plus beau.

Au centre de ce magnifique parquet, était représenté un écrin composé de toutes les pierres de couleur, entouré d'un fil de grosses perles. Le tout paraissait en relief et réel comme dans les tables de Florence. « Mon-
» sieur Romati (me dit la dame),
» si vous vous arrêtez à tout, nous
» n'en finirons point. »

» Je levai donc les yeux, et ils tombèrent d'abord sur un tableau de Raphaël, qui paraissait être la première idée de son école d'Athènes, et qui était plus beau par le coloris, d'autant qu'il était peint à l'huile.

» Ensuite je remarquai un Hercule aux pieds d'Omphale. La figure de l'Hercule était de Michel-Ange, et l'on reconnaissait le pinceau du Guide dans la figure de la femme. En un mot, chacun des tableaux de ce salon était plus parfait que tout ce que j'avais vu jusqu'alors. La tapisserie était un velours vert tout uni, dont la couleur faisait ressortir les peintures.

» Aux deux côtés de chaque porte, étaient des statues un peu plus petites que nature. Il y en avait quatre. L'une était le célèbre Amour de Phydias, dont Pythagore exigea le sacrifice ; la seconde, le Faune du même artiste; la troisième, la véritable Vénus de Praxitèle, dont celle de Médicis n'est qu'une copie; la quatrième, un Antinoüs de la plus grande beauté. Il y avait encore des groupes dans chaque fenêtre.

» Tout autour du salon étaient des

commodes à tiroirs, qui, au lieu d'être ornées en bronze, l'étaient d'un beau travail de joaillerie enrichi de camées. Les commodes renfermaient une suite de médailles en or du plus grand module. « C'est ici (me dit la dame)
» que la princesse passe ses après-
» dînées; et l'examen de cette collec-
» tion donne lieu à des entretiens
» aussi instructifs qu'intéressans; mais
» vous avez encore bien des choses
» à voir, ainsi suivez-moi. »

» Alors nous entrâmes dans la chambre à coucher. Cette pièce était octogone, elle avait quatre alcoves et autant de lits très-larges. On n'y voyait ni lambris, ni tapisserie, ni plafond. Tout était couvert de mousseline des Indes drapée avec un goût merveilleux, brodée avec un art surprenant, et d'une telle finesse, qu'on l'eût prise pour quelque brouillard que la main d'Arachné aurait enfermé dans une légère broderie.

« Pourquoi quatre lits (demandai-je
» à la dame)?

» C'est (me répondit-elle) pour
» en changer lorsqu'on se trouve
» échauffé et qu'on ne peut dormir.

» Mais (ajoutai-je), pourquoi ces
» lits sont-ils si grands?

» C'est (répliqua la dame) parce
» que la princesse y admet quelque-
» fois ses femmes, lorsqu'elle veut
» causer avant de s'endormir. Mais
» passons à la chambre des bains. »

» C'était une rotonde tapissée en nacre avec des bordures en burgaux.

Au lieu de draperies, le haut des parois était garni d'un filet de perles à grosses mailles, avec une frange de perles, toutes de la même grandeur et de la même eau. Le plafond était fait d'une seule glace, à travers laquelle on voyait nager des poissons dorés de la Chine. Au lieu de baignoire, il y avait un bassin circulaire autour duquel régnait un cercle de mousse artificielle où l'on avait rangé les plus belles coquilles de la mer des Indes. Ici, je ne pus plus renfermer en moi-même les témoignages de mon admiration, et je dis : « Ah! » madame, le paradis n'est pas un » plus beau séjour.

» Le paradis (s'écria la dame avec » l'air de l'égarement et du déses-

» poir), le paradis. N'a-t-il pas parlé
» du paradis. Monsieur Romati, je
» vous prie de ne plus vous exprimer
» de cette manière; je vous en prie
» sérieusement; suivez-moi. »

» Nous passâmes alors dans une volière remplie de tous les oiseaux du tropique et de tous les aimables chanteurs de nos climats. Nous y trouvâmes une table servie pour moi seul. « Ah! madame (dis-je à ma belle
» conductrice), comment songe-t-on
» à manger dans un séjour aussi di-
» vin. Je vois que vous ne voulez
» pas vous mettre à table, et je ne
» saurais me résoudre à m'y mettre
» seul, à moins que vous ne daigniez
» m'entretenir de la princesse qui
» possède tant de merveilles. » La

dame sourit obligeamment, me servit, s'assit, et commença en ces termes :

« Je suis fille du dernier prince de
» Mont-Salerno.

» Qui ? vous, madame ? — Je vou-
» lais dire, la princesse de Mont-Sa-
» lerno, mais ne m'interrompez plus. »

HISTOIRE DE LA PRINCESSE DE MONT-SALERNO.

« Le prince de Mont-Salerno, qui
» descendait des anciens ducs de Sa-
» lerne, était grand d'Espagne, grand
» connétable, grand-écuyer, enfin,
» il réunissait en sa personne toutes les
» grandes charges de la couronne de
» Naples. Mais bien qu'il fût au ser-
» vice de son roi, il avait lui-même

» une maison dont plusieurs offi-
» ciers étaient titrés. Au nombre de
» ceux-ci, se trouvait le marquis de
» Spinaverde, premier gentilhomme
» du prince, et possédant toute sa con-
» fiance, qu'il partageait néanmoins
» avec sa femme, la marquise de
» Spinaverde, première dame d'atour
» de la princesse.

» J'avais dix ans..... Je voulais dire
» que la fille unique du prince avait
» dix ans lorsque sa mère mourut. A
» cette époque, les Spinaverde quit-
» tèrent la maison du prince, le mari
» pour prendre la régie des fiefs, la
» femme pour avoir soin de mon édu-
» cation. Ils laissèrent à Naples leur
» fille aînée, appelée Laure, qui eut
» auprès du prince une existence un

» peu équivoque. Sa mère et la jeune
» princesse vinrent résider à Mont-
» Salerno. On s'occupait peu de l'édu-
» cation d'Elfrida, mais on donnait
» beaucoup de soins à ses entours.
» On leur enseignait à courir au-
» devant de mes moindres désirs. »

« De vos moindres désirs (dis-je
» à la dame). » — « Je vous avais
« prié de ne point m'interrompre (re-
» prit-elle avec beaucoup d'humeur). »
Après quoi elle continua en ces termes:

» Je me plaisais à mettre la sou-
» mission de mes femmes à toutes
» sortes d'épreuves. Je leur donnais
» des ordres contradictoires dont elles
» ne pouvaient jamais exécuter que
» la moitié. Je les en punissais en les
» pinçant, les égratignant ou leur

enfonçant des épingles dans les bras. La Spinaverde m'en donna d'autres qui me quittèrent aussi.

» Sur ces entrefaites mon père tomba malade, et nous allâmes à Naples. Je le voyais peu, mais les Spinaverde ne le quittaient pas d'un instant. Il mourut, et par son testament il nommait Spinaverde seul tuteur et administrateur de mes biens.

» Les funérailles nous occupèrent quelques semaines, et puis nous retournâmes à Mont-Salerno, où je recommençai à pincer mes femmes de chambre. Quatre années se passèrent à ces occupations innocentes. La Spinaverde m'assurait tous les jours que j'avais toujours raison,

» que tout le monde était fait pour
» m'obéir, et que ceux qui ne m'o-
» béissaient pas assez vite et assez
» bien, méritaient toutes sortes de
» punitions.

» Un soir pourtant mes femmes me
» quittèrent l'une après l'autre, et je
» me vis sur le point d'être réduite
» à me déshabiller moi-même. J'en
» pleurai de rage, et je courus chez
» la Spinaverde, qui me dit : *Chère*
» *et douce princesse, essuyez vos*
» *beaux yeux, je vous déshabillerai*
» *ce soir, et demain je vous ame-*
» *nerai six femmes de chambre dont*
» *sûrement vous serez contente.*

» Le lendemain, à mon réveil, la
» Spinaverde me présenta six grandes
» filles très-belles. Leur vue me causa

» une sorte d'émotion. Elles-mêmes
» paraissaient émues. Je fus la pre-
» mière à me remettre de mon trouble.
» Je sautai de mon lit toute en che-
» mise, je les embrassai les unes
» après les autres, et les assurai
» qu'elles ne seraient jamais grondées
» ni pincées. En effet, soit qu'elles
» fissent quelque gaucherie en m'ha-
» billant, soit qu'elles osassent me con-
» trarier, je ne me fâchais jamais. »

« Mais madame (dis-je à la prin-
» cesse), ces six grandes filles étaient
» peut-être des garçons déguisés. »
— La princesse prit un air de dignité, et me dit : « Monsieur Ro-
» mati, je vous avais prié de ne point
» m'interrompre. » — Ensuite elle
reprit ainsi le fil de son discours.

« Le jour où j'achevai seize ans,
» l'on m'annonça une visite illustre.
» C'était un secrétaire d'état, l'am-
» bassadeur d'Espagne et le duc de
» Guadarama. Celui-ci venait me de-
» mander en mariage. Les deux autres
» n'y étaient que pour appuyer sa
» demande. Le jeune duc avait la
» meilleure mine qu'on puisse ima-
» giner, et je ne puis nier qu'il n'ait
» fait quelqu'impression sur moi.

» Le soir, on proposa une prome-
» nade au parc. A peine y fûmes
» nous, qu'un taureau furieux s'élança
» du milieu d'un bouquet d'arbres
» et vint fondre sur nous. Le duc
» courut à sa rencontre, son manteau
» dans une main et son épée dans
» l'autre. Le taureau s'arrêta un ins-

» tant, s'élança sur le duc, s'enferra
» lui-même dans son épée et tomba
» à mes pieds.

» Je me crus redevable de la vie
» à la valeur du duc, mais le len-
» demain j'appris que le taureau avait
» été aposté exprès par l'écuyer du
» duc, et que son maître avait fait
» naître cette occasion de me faire
» une galanterie à la manière de son
» pays. Bien loin de lui en savoir
» quelque gré, je ne pus lui par-
» donner la peur qu'il m'avait faite,
» et je refusai sa main.

» La Spinaverde me sut gré de ce
» refus. Elle saisit cette occasion de
» me faire connaître les avantages de
» ma situation et combien je perdrais
» à me donner un maître. Quelque

Tome I. 6

» temps après, le même secrétaire
» d'état vint encore me voir accom-
» pagné d'un autre ambassadeur, ainsi
» que du prince régnant de Non-
» del-Humberg. Ce souverain était
» grand, gros, gras, blond, blanc,
» blafard : il voulut m'entretenir
» des majorats qu'il avait dans les
» Etats héréditaires ; mais en parlant
» italien, il avait l'accent du Tyrol.
» Je me mis à parler comme lui; et,
» tout en le contrefaisant, je l'assurai
» que sa présence était très-nécessaire
» dans ses majorats. Il s'en alla un
» peu piqué. La Spinaverde me man-
» gea de caresses, et pour me retenir
» plus sûrement à Mont-Salerno, elle
» a fait exécuter toutes les belles
» choses que vous voyez. »

« Ah ! m'écriai-je, elle a parfai-
» tement réussi. Ce beau lieu peut
» être appelé un paradis sur la terre. »
— A ces mots la princesse se leva
avec indignation, et me dit : « Ro-
» mati, je vous avais prié de ne plus
» vous servir de cette expression. »
— Puis elle se mit à rire d'un air
affreux et convulsif, en répétant tou-
» jours : « Oui, le paradis, le pa-
» radis, il a bonne grâce de parler
» du paradis. » — Cette scène devenait pénible. La princesse reprit
enfin son sérieux, me regarda d'un
air sévère, et m'ordonna de la suivre.
» Alors elle ouvrit une porte, et
nous nous trouvâmes dans des voûtes
souterraines au-delà desquelles on
apercevait comme un lac d'argent,

et qui effectivement était d'argent vif. La princesse frappa dans ses mains, et l'on vit paraître une barque conduite par un nain jaune. Nous montâmes dans la barque, et je m'aperçus que le nain avait le visage d'or, les yeux de diamant, la bouche de corail. En un mot, c'était un automate qui, au moyen de petits avirons, fendait l'argent vif avec beaucoup d'adresse et faisait avancer la barque. Ce nocher, d'une espèce nouvelle, nous conduisit au pied d'un roc qui s'ouvrit, et nous entrâmes encore dans un souterrain où mille automates nous offrirent le spectacle le plus singulier. Des paons faisant la roue étalèrent une queue émaillée et couverte de pierreries. Des perroquets dont le plumage était d'émeraude volaient sur nos têtes. Des nègres d'ébène nous présentaient des plats d'or remplis de de cerises en rubis et de raisins en saphirs. Mille autres objets surprenans remplissaient ces voûtes merveilleuses, dont l'œil n'apercevait pas la fin.

» Alors je ne sais pourquoi je fus encore tenté de repéter ce mot de paradis, pour voir l'effet qu'il ferait sur la princesse. Je cédai à cette fatale curiosité, et je lui dis : « En » vérité, madame, on peut dire que » vous avez le paradis sur la terre. » La princesse me sourit le plus agréablement du monde, et me dit : « Pour » vous mettre à même de juger des » agrémens de ce séjour, je vais » vous présenter mes six femmes de

» chambre. » — Elle prit une clef d'or pendue à sa ceinture, et alla ouvrir un grand coffre couvert de velours noir et garni en argent massif.

» Lorsque le coffre fut ouvert, j'en vis sortir un squelette qui s'avança vers moi d'un air menaçant; je tirai mon épée, le squelette s'arrachant à lui-même son bras gauche, s'en servit comme d'une arme, et m'assaillit avec beaucoup de fureur. Je me défendis assez bien, mais un autre squelette sortit du coffre, arracha une côte au premier squelette, et m'en donna un coup sur la tête. Je le saisis à la gorge, il m'entoura de ses bras décharnés et voulut me jeter à terre. Je m'en débarrassai. Un troisième squelette sortit du coffre et se joignit aux deux premiers. Les trois autres parurent aussi. Ne pouvant espérer de me tirer d'un combat aussi inégal, je me jetai à genoux et demandai grâce à la princesse. Elle ordonna aux squelettes de rentrer dans le coffre, puis elle me dit : « Romati, rappelez-vous » toute votre vie de ce que vous avez » vu cette nuit. » — En même temps elle me saisit le bras, je le sentis brûler jusqu'à l'os, et je m'évanouis. Je ne sais combien de temps je restai dans cet état; lorsque je m'éveillai j'entendis psalmodier assez près de moi. Je vis que j'étais au milieu de vastes ruines. Je voulus en sortir, j'arrivai dans une cour intérieure, j'y trouvai une chapelle et des moines qui chantaient matines. Lorsque leur service fut fini, le supérieur m'invita à entrer dans sa cellule. Je l'y suivis, et tâchant de rassembler mes esprits, je lui racontai ce qui m'était arrivé. Lorsque j'eus achevé mon récit, le supérieur me dit : « Mon fils, ne » portez-vous pas quelque marque au » bras que la princesse a saisi ? » Je relevai ma manche, et je vis effectivement mon bras tout brûlé, et les marques des cinq doigts de la princesse.

» Alors le supérieur ouvrit un coffre qui était près de son lit, et en tira un vieux parchemin. « Voilà » (dit-il) la bulle de notre fonda- » tion, elle pourra vous éclairer sur ce » que vous avez vu. » — Je déroulai le parchemin et j'y lus ce qui suit :

» *En l'année du seigneur* 1503,

Elfrida de Mont-Salerno poussant l'impiété jusqu'à l'excès, se vantait de posséder le véritable paradis et de renoncer volontairement à celui que nous attendons dans la vie éternelle. Mais dans la nuit du jeudi au vendredi saint, un tremblement de terre abîma son palais, dont les ruines sont devenues un séjour de Satan, où se sont établis des démons qui ont long-temps obsédé et obsèdent encore par des fascinations ceux qui osent approcher du Mont-Salerno, et même les bons Chrétiens qui habitent dans les environs. C'est pourquoi, nous, Alexandre VI, serviteur des serviteurs de Dieu, etc., nous autorisons la fondation d'une chapelle dans l'enceinte même des ruines.....

» Je ne me rappelle plus le reste de la bulle. Le supérieur m'apprit que les obsessions étaient devenues plus rares, mais qu'elles se renouvellaient constamment dans la nuit du jeudi au vendredi saint. En même temps il me conseilla de faire dire quelques messes et d'y assister moi-même. Je suivis son conseil, et puis je partis pour continuer mes voyages. Mais ce que j'ai vu dans cette nuit fatale, m'a laissé une impression mélancolique que rien ne peut effacer. » En disant cela, Romati releva sa manche et nous fit voir son bras, où l'on distinguait la forme des doigts de la princesse et comme des marques de brûlure.

Fin de l'histoire de Romati.

Ce récit fit sur moi une vive impression. Lorsque nous fûmes couchés, la chambre ne resta éclairée que par une lampe dont la lumière était très-faible. Je n'osais regarder les endroits les plus sombres de l'appartement, surtout un certain coffre où l'hôte avait coutume de mettre sa provision d'orge. Il me semblait à tout instant que j'allais en voir sortir les six squelettes de la princesse. Je m'enfonçai sous les couvertures pour ne rien voir, et bientôt je m'endormis.

Les grelots des mules me réveillèrent le lendemain, et je fus un des premiers sur pied; j'oubliai Giulio Romati et ne songeai qu'au plaisir de continuer notre voyage.

Il fut des plus agréables ; le soleil un peu voilé par les nuages ne nous incommodait pas trop, et les muletiers se résolurent à faire la journée d'une traite, en s'arrêtant seulement à l'abreuvoir dos Leones, où la route de Ségovie se réunit à celle de Madrid. Ce lieu offre un bel ombrage, et deux lions qui versent de l'eau dans un bassin de marbre contribuent à l'embellir.

Il était midi lorsque nous arrivâmes. Nous y étions à peine, que nous vîmes venir des voyageurs par la route de Ségovie. Celle de leurs mules qui ouvrait la marche était montée par une jeune fille qui paraissait de mon âge, bien qu'elle eût réellement quelques années de plus. Le garçon qui conduisait sa mule pouvait avoir seize ans ; il était joli et mis avec goût, bien que dans le costume ordinaire des zagals ou valets d'écurie; ensuite venait une dame d'un certain âge qu'on aurait prise pour ma tante, non pas qu'elle lui ressemblât, mais parce qu'elle avait absolument le même air, et surtout la même bonté exprimée dans tous ses traits ; ensuite venaient quelques domestiques.

Comme nous étions venus les premiers, nous invitâmes les voyageuses à partager notre repas, qu'on étalait sous les arbres. Elles acceptèrent, mais d'un air fort triste, surtout la jeune fille. De temps à autre elle regardait le jeune valet d'un air assez tendre, et celui-ci la servait d'un air fort empressé. La dame âgée jetait sur eux des yeux de compassion. Je voyais leur chagrin et j'aurais voulu les consoler, mais ne sachant comment m'y prendre, je mangeais de mon mieux.

On se remit en route : ma bonne tante fit aller sa mule à côté de celle de la dame, moi, je me rapprochai de la jeune fille. Je vis que le jeune zagal, sous prétexte de lui rattacher sa selle, touchait son pied ou sa main, et même je m'aperçus une fois qu'il la lui baisa.

Nous arrivâmes au bout de deux heures à Olmedo, où nous devions passer la nuit. Ma tante fit apporter des chaises devant la porte de l'auberge, et s'y assit avec l'autre dame.

Un moment après elle me dit de lui faire faire du chocolat. J'entrai dans la maison, et voulant chercher nos gens, je me trouvai dans une chambre où je vis le jeune homme et la jeune fille se tenant étroitement embrassés et versant des torrens de larmes.

Mon cœur se brisa à cette vue ; je me jetai au cou du jeune garçon, et je pleurai jusqu'à en gagner des convulsions.

Les deux matrônes entrèrent sur ces entrefaites ; ma tante, fort émue, m'entraîna hors de la chambre et me demanda la cause de mes larmes. Je ne savais pas du tout pourquoi nous avions pleuré, et il me fut impossible de le lui dire. Cependant l'autre matrône s'était renfermée avec la jeune fille et le jeune garçon; nous les entendions sangloter, et elles ne reparurent qu'à l'heure du souper.

Ce repas ne fut pas très-gai ni très-long. Lorsqu'on eut desservi, ma tante s'adressa à la dame âgée, et lui dit : « Segnora, le ciel me pré-
» serve de penser mal de mon pro-
» chain, et surtout de vous, qui
» paraissez avoir l'âme toute bonne
» et toute chrétienne; mais enfin j'ai
» eu l'avantage de souper avec vous,
» et je m'en ferai sûrement un hon-
» neur dans toutes les occasions. Ce-
» pendant voilà que mon neveu a vu
» cette jeune demoiselle embrassant
» un valet d'écurie, bien joli à la
» vérité, et de ce côté-là il n'y a

» rien à lui reprocher. Vous, madame,
» vous avez l'air de n'y trouver rien
» de répréhensible. Moi, sûrement,
» je n'ai aucun droit..... Néanmoins
» ayant eu l'honneur de souper avec
» vous, et le voyage jusqu'à Burgos
» étant encore..... » Ici ma bonne
tante s'embarrassa si fort qu'elle ne
se serait jamais tirée de sa phrase,
mais l'autre dame l'interrompit tout à
propos, et lui dit : « Oui madame,
» vous avez tout droit de vous in-
» former des motifs de mon indul-
» gence. J'ai bien des raisons de les
» cacher, mais enfin je vois la né-
» cessité de ne vous rien taire de
» ce qui me regarde. » Alors la
dame tira son mouchoir, essuya ses
yeux, et commença en ces termes :

HISTOIRE DE MARIE DE TORRES.

« Je suis fille aînée de don Emanuel de Norugna, oydor de l'audience de Ségovie. J'ai été mariée, à dix-huit ans, à don Henrique de Torres, colonel retiré du service. Ma mère était morte depuis longues années ; nous perdîmes mon père deux mois après mon mariage, et nous recueillîmes chez nous ma sœur cadette, Elvire de Norugna, qui, alors, n'avait pas encore quatorze ans, mais dont la beauté faisait déjà beaucoup de bruit. La succession de mon père se réduisait à rien. Pour ce qui est de mon mari, il avait un assez beau bien ; mais, par des arrangemens de famille, nous étions tenus à faire des pensions à cinq chevaliers de Malte et à doter cinq religieuses de nos parentes, si bien que notre revenu suffisait à peine à nous faire vivre; mais une pension que la cour avait accordée à mon mari, comme une récompense de ses services, nous mettait un peu plus à l'aise.

» Il y avait alors à Ségovie nombre de maisons très-nobles qui n'étaient pas plus aisées que la nôtre; liées par un intérêt commun, elles avaient introduit la mode de faire peu de dépense. On n'allait que rarement les uns chez les autres. Les dames se tenaient aux fenêtres, les cavaliers dans la rue. On jouait beaucoup de la guitare, on soupirait encore davantage, et tout cela ne coûtait rien. Les fabricans de draps et de vigognes vivaient avec luxe ; mais comme nous ne pouvions les imiter, nous nous en vengions en les méprisant et les tournant en ridicule.

» A mesure que ma sœur grandissait, notre rue se trouvait toujours plus encombrée de guitares. Quelques racleurs soupiraient tandis que d'autres raclaient, ou bien ils soupiraient et raclaient tous ensemble. Les beautés de la ville en mouraient de jalousie. Mais celle à qui s'adressaient tous ces hommages, n'y faisait aucune attention. Ma sœur se montrait peu, et moi, pour ne point paraître impolie, je restais à la fenêtre, disant à chacun quelque chose d'obligeant. C'était un devoir de bienséance lorsque le dernier racleur était parti, dont je n'aurais pu me dispenser. Mais je fermais ma fenêtre avec un extrême plaisir. Mon mari et ma sœur m'attendaient dans la chambre à manger, nous faisions un souper frugal que nous assaisonnions par mille plaisanteries sur les soupirans. Chacun avait son lot, et je pense que s'ils eussent écouté aux portes, pas un ne serait revenu. Ces conversations n'étaient pas très-charitables, cependant nous y prenions tant de plaisir, que nous les prolongions très-avant dans la nuit.

» Un soir qu'à souper nous traitions notre sujet favori, Elvire prenant un air un peu sérieux, me dit : « Ma

» sœur, avez-vous observé que lors-
» que tous les joueurs de guitare ont
» quitté la rue, et qu'il n'y a plus de
» lumières dans celle de vos chambres
» qui y donne, on entend tous les
» soirs une ou deux seguedilles
» chantées et accompagnées d'une
» manière qui annonce un maître
» plutôt qu'un amateur. » — Mon mari dit que cela était vrai, et qu'il avait fait la même observation ; je répondis à peu près de même, et nous plaisantâmes ma sœur sur son nouveau soupirant. Mais nous crûmes apercevoir qu'elle recevait nos plaisanteries d'un air moins libre que de coutume.

» Le lendemain, après que j'eus congédié les guitares et fermé la fenêtre, j'éteignis la lumière et je restai dans la chambre. Bientôt j'entendis la voix dont ma sœur avait parlé. On commença par préluder avec infiniment de méthode, ensuite on chanta un couplet sur les plaisirs du mystère, un autre sur l'amour timide, après quoi je n'entendis plus rien. En sortant de la chambre, je vis ma sœur qui avait écouté à la porte. Je n'eus point l'air de m'en être aperçue, mais je remarquai qu'à souper elle avait l'air rêveur et préoccupé.

» Le mystérieux chanteur continua ses sérénades, et nous nous y accoutumâmes si bien, que nous n'allions souper qu'après l'avoir entendu. Cette constance et ce mystère rendirent

Elvire curieuse et non pas sensible. Sur ces entrefaites nous vîmes arriver à Ségovie un nouveau personnage qui tourna toutes les têtes et renversa toutes les fortunes. C'était le comte de Rovellas, exilé de la cour, et à ce titre, important aux yeux des provinciaux.

» Rovellas était né à la Vera-Cruz; sa mère, qui était Méxicaine, avait porté dans cette maison des richesses immenses; et comme les Américains étaient alors bien vus à la cour, il avait passé la mer dans l'idée d'obtenir la grandesse. Vous pouvez juger qu'élevé dans un autre monde, il n'avait pas un grand usage de celui-ci. Mais son luxe était éblouissant et ses naïvetés amusèrent le roi. Cependant comme elles venaient pour la plupart de la haute opinion qu'il avait de lui-même, on finit par s'en moquer.

» Les jeunes seigneurs avaient alors la coutume chevaleresque de choisir une dame de leur pensée, dont ils portaient les couleurs, et dans certaines occasions le chiffre. Comme, par exemple, aux parehhos, qui sont des espèces de carrousels.

» Rovellas, qui avait le cœur très-haut, arbora le chiffre de l'infante Marie-Thérèse, fille du roi. Le roi s'en amusa ; mais la princesse s'en étant offensée, un alguazil de cour vint prendre le comte chez lui et le conduisit à la tour de Ségovie. Il y passa huit jours, et eut ensuite la ville pour prison. Le sujet de cet exil, comme vous le voyez, n'était pas très-honorable; mais comme il entrait dans le caractère du comte de tirer vanité de tout, il aimait à parler de sa disgrâce, et laissait volontiers soupçonner que l'infante était au fond d'intelligence avec lui.

» Rovellas avait véritablement tous les genres d'amour-propre; il croyait tout savoir et réussir en tout. Mais ses plus grandes prétentions étaient de combattre le taureau, chanter et danser. Personne ne fut assez impoli pour lui disputer les deux derniers talens, mais les taureaux n'avaient pas autant de complaisance; cependant le comte, accompagné de ses piqueurs, se croyait toujours invincible.

» Je vous ai dit que nos maisons n'étaient point ouvertes. Il faut en excepter les premières visites, que nous recevions toujours. Comme mon mari était distingué et par sa naissance et par ses services militaires, Rovellas crut devoir commencer ses visites par notre maison. Je le reçus sur mon estrade, et lui en dehors; l'usage de notre province étant encore de mettre un grand espace entre nous et les hommes qui viennent nous voir.

» Rovellas parla beaucoup et avec facilité. Au milieu de la conversation ma sœur entra et vint s'asseoir à côté de moi. Le comte resta comme pétrifié. Il balbutia quelques mots qui n'avaient pas de sens, puis il demanda à ma sœur quelle était sa couleur favorite. Elvire répondit qu'elle n'avait de préférence pour aucune. « Madame (reprit le comte), puisque » vous annoncez tant d'indifférence, » il me convient de n'annoncer que » de la tristesse, et le brun sera » désormais ma couleur. » — Ma sœur, qui n'était point accoutumée à de pareils complimens, ne sut que lui répondre. Rovellas se leva et prit congé de nous. Dès le soir même nous apprîmes que dans toutes les visites qu'il avait faites, il n'avait parlé que de la beauté d'Elvire; et le lendemain nous sûmes qu'il avait commandé quarante livrées brunes chamarrées d'or et de noir. — Dès-lors la voix touchante du soir ne se fit plus entendre.

» Rovellas ayant su que l'usage des maisons nobles de Ségovie n'était pas de recevoir habituellement, se résigna à venir passer les soirées sous nos fenêtres avec les autres gentils-hommes qui nous faisaient cet honneur. Comme il n'était pas grand d'Espagne, et que la plupart de nos jeunes gens étaient *Titolados de Castilla*, ils se croyaient ses égaux, et le traitèrent comme tel. Mais peu à peu les richesses reprirent leur invincible ascendant. Toutes les guitares se turent devant celle de Rovellas, et il donna le ton dans la conversation comme dans nos concerts.

» Cette prééminence ne satisfaisait point encore l'orgueilleux Mexicain ; il brûlait d'envie de courir le taureau devant nous et de danser avec ma sœur. Il nous annonça donc avec assez d'emphase qu'il avait fait venir cent taureaux de Guarama, et qu'il faisait planchéier une place à cent pas de l'amphithéâtre, où l'on passerait à danser les nuits qui suivraient le spectacle. Ce peu de mots fit un grand effet à Ségovie ; il tourna toutes les têtes, et s'il ne renversa pas les fortunes, il servit au moins à les beaucoup entamer.

» Le bruit du combat de taureaux ne se fut pas plutôt répandu, que l'on vit tous les jeunes gens courir comme des écervelés, prendre les attitudes de ce combat, commander des habits dorés et des manteaux écarlate. Je vous laisse à penser ce que firent les femmes. Elles essayèrent tout ce qu'elles avaient d'habits et de coiffures, et ce n'est pas beaucoup dire; mais on fit venir des tailleurs, des modistes, et le crédit suppléa aux richesses.

» Tout le monde était si occupé, que notre rue commençait à se désemplir. Rovellas y vint cependant à l'heure accoutumée. Il nous dit qu'il avait fait venir de Madrid vingt-cinq confiseurs, et qu'il nous priait de prononcer sur leur talent. Au même instant vinrent des gens en livrée brune et or, qui portaient des rafraichissemens sur de grands cabarets de vermeil.

» Le lendemain, ce fut la même chose, et mon mari en prit un juste ombrage. Il ne lui parut pas décent que notre porte devînt un lieu d'assemblée publique. Il eut la bonté de me consulter sur ce point. Je fus de son avis, comme j'en étais toujours. Nous prîmes la résolution de nous retirer au petit bourg de Villaca, où nous avions une maison et un domaine ; nous y trouvions d'ailleurs un grand avantage, celui de l'économie. Au moyen de cet arrangement, nous pouvions manquer quelques fêtes de taureaux et quelques bals ; c'étaient autant de toilettes épargnées. Cependant, comme la maison de Villaca avait besoin de réparations, nous fûmes obligés de renvoyer notre départ à trois semaines. Dès que ce projet fut annoncé, Rovellas ne cacha point le chagrin qu'il en ressentait, non plus que les sentimens que lui avait inspirés ma sœur. Pour ce qui est d'Elvire, il me semble qu'elle avait oublié la voix touchante du soir, mais qu'elle recevait les soins de Rovellas avec la plus extrême indifférence.

» J'aurais dû vous dire qu'à cette époque mon fils avait deux ans, et ce fils n'est autre que le petit valet de mules que vous avez vu avec nous. Cet enfant, que nous appelions Lonreto, faisait notre joie. Elvire l'aimait presqu'autant que moi, et je puis vous assurer qu'il était notre unique consolation lorsque nous étions trop lasses de toutes les fadaises que l'on débitait sous nos fenêtres.

» Au moment où nous devions partir pour Villaca, Lonreto gagna la petite vérole; vous pouvez juger de notre désespoir; nous passions les jours et les nuits à le soigner, et alors la voie touchante du soir recommença ses concerts. Elvire, rougissait, mais elle n'était réellement occupée que de Lonreto. Enfin, ce cher enfant guérit; notre fenêtre se rouvrit aux soupirans, et le mystérieux chanteur cessa de se faire entendre.

» Dès que la fenêtre fut rouverte, Rovellas ne manqua pas de se présenter. Il nous dit que le combat de taureaux n'avait été retardé qu'à cause de nous, et il nous pria d'en fixer le jour. Nous répondîmes à cette politesse comme nous le devions. Enfin, ce combat fameux fut fixé au dimanche suivant, qui n'arriva que trop tôt pour le pauvre Rovellas.

» Je passerai sur tous les détails de ce spectacle. Quand on en a vu un, c'est comme mille. Vous savez pourtant que les nobles ne combattent pas le taureau comme les roturiers. Ils l'attaquent d'abord à cheval avec le rejon ou javelot. Après qu'ils ont porté le premier coup, il faut en recevoir un; mais comme les chevaux sont dressés à cet exercice, le coup ne fait qu'effleurer la croupe. Alors le noble combattant met pied à terre et l'épée à la main.

Pour que tout cela réussisse, il faut avoir des *Toros Francos*, c'est-à-dire, que le taureau soit loyal et sans malice ; mais les piqueurs du comte eurent la maladresse de lâcher un *Toro Marakho*, qui était réservé pour d'autres occasions. Les connaisseurs virent d'abord la faute que l'on avait faite ; mais Rovellas était déjà dans l'arêne, et il n'y avait pas moyen de reculer. Il eut l'air de ne pas s'apercevoir du danger qu'il courait ; il caracola autour de l'animal et lui porta son coup de rejon dans l'épaule droite, lui-même ayant le bras passé et tout le corps penché entre les cornes de son adversaire. Tout cela était dans les règles de l'art.

» Le taureau eut l'air de s'enfuir

du côté de la porte, mais se retournant tout à coup et courant sur Rovellas, il l'enleva sur ses cornes avec tant de force, que le cheval tomba hors de la barrière et lui en dedans. Alors le taureau revint sur lui, engagea sa corne dans le collet de son habit, le fit pirouetter en l'air et le lança de l'autre côté de l'amphithéâtre. Après cela, l'animal voyant que sa victime lui allait échapper, la cherchait partout avec des yeux féroces. Il l'aperçut et le considéra avec une fureur toujours croissante, creusant la terre avec ses pieds et battant ses flancs de sa queue..... En ce moment, un jeune homme s'élança par-dessus la barrière, saisit l'épée et le manteau écarlate de Rovellas, et se présenta devant le taureau. Le malicieux animal fit plusieurs feintes qui ne déconcertèrent point l'inconnu. Enfin, il s'élança sur lui les cornes baissées jusqu'à terre, s'enferra dans son épée et tomba mort à ses pieds. Ensuite l'inconnu jeta son épée et son manteau sur le taureau, regarda du côté de notre loge, nous salua, franchit la barrière et se perdit dans la foule. Elvire me serra la main et me dit : « Je suis sûre que c'est-là » notre chanteur. » Dès que le redoutable taureau se fut roulé dans son sang, les écuyers du comte Rovellas se précipitèrent dans l'amphithéâtre pour lui porter des secours. Il ne donnait aucun signe de vie, on le mit sur un brancard et il fut porté chez lui. Le spectacle n'eut point lieu, et chacun s'en retourna chez soi. Mais dès le même soir nous apprîmes que Rovellas était hors de danger. Le lendemain, mon mari envoya demander de ses nouvelles ; notre page tarda long-temps à revenir ; enfin il nous apporta une lettre conçue en ces termes :

« Monsieur le colonel seigneur don
» Henrique de Torres.

» Votre merced verra par la pré-
» sente que la miséricorde divine
» daigne me laisser encore l'usage
» de quelque force. Cependant une
» grande douleur que je ressens à
» la poitrine me fait douter de mon
» entière guérison. Vous savez, sei-

» gneur don Henrique, que la pro-
» vidence m'a comblé des biens du
» siècle. J'en destine une partie au
» jeune inconnu qui a exposé ses
» jours pour sauver les miens. Le
» reste ne saurait être dans de meil-
» leures mains que celles d'Elvire de
» Norugna, votre incomparable belle-
» sœur. Veuillez bien lui faire part
» des sentimens respectueux qu'elle
» inspire à celui qui, peut-être, ne
» sera dans peu que poussière, mais à
» qui le ciel permet encore de se dire

« Le comte de Rovellas. »

Marquis de Vera-Lonza, y Cruz-Velada, commandeur héréditaire de Talla-Verde, y Rio-Floro, seigneur de Tolasquez, y Riga-Fuera, y Mender, y Lonzos, y otros, y otros.

» Vous serez surpris de ce que je me rappelle tant de titres, mais nous les donnions à ma sœur par plaisanterie les uns après les autres, et nous avons fini par les apprendre par cœur.

» Dès que mon mari eut reçu cette lettre, il nous en fit part et demanda à ma sœur la réponse qu'il avait à y faire. Elvire répondit qu'elle n'agirait jamais que par les conseils de mon mari; mais elle avoua que les bonnes qualités de Rovellas l'avaient moins frappée, que l'amour-propre excessif qui perçait dans tous ses discours comme dans toutes ses actions.

» Mon mari la comprit à demi-mot; il écrivit au comte qu'Elvire de Norugna était encore trop jeune pour apprécier les sentimens de son excellence, que néanmoins elle unissait ses vœux à tous ceux que l'on faisait pour le rétablissement de sa santé. Rovellas ne prit point ceci pour un refus. Il parla même de son mariage avec Elvire comme d'une chose arrangée. Cependant nous partîmes pour Villaca.

» Notre maison, située à l'extrémité de la bourgade, était presque à la campagne et dans une situation charmante; on l'avait assez bien réparée; mais tout vis-à-vis de nous était une maison de simple paysan que l'on avait arrangée avec un goût tout à fait particulier. Il y avait des pots de fleurs sur le perron, de belles fenêtres, une volière, enfin, je ne sais quoi d'agréable et de soigné. On nous dit que cette maison venait d'être achetée par un labrador de Murcie ; les cultivateurs à qui l'on donne dans notre province le nom de labradores, sont une classe mitoyenne entre le petit noble et le paysan.

» Il était tard lorsque nous arrivâmes à Villaca. Nous commençâmes par visiter la maison, de la cave au grenier, et puis nous fîmes mettre des chaises devant la porte, et nous prîmes le chocolat. Mon mari raillait Elvire sur la pauvreté de sa maison, peu digne de recevoir une future comtesse de Rovellas. Elle reçut ses plaisanteries assez gaîment. Peu après, nous vîmes dans la campagne une charrue qu'on ramenait du travail. Elle était attelée de quatre puissans bœufs, conduits par un valet, et suivie par un jeune homme qui donnait le bras à une jeune femme. Le jeune homme était remarquable par sa taille, et lorsqu'il fut près de nous, Elvire et moi nous reconnûmes le sauveur de Rovellas. Mon mari n'y fit pas d'attention, mais ma sœur me jeta un coup-d'œil que je compris très-bien. Le jeune laboureur nous salua de l'air d'un homme qui ne veut pas faire connaissance, et rentra chez lui, la jeune femme nous examina avec attention.

« Voilà un joli couple (dit doña
» Manuela, notre concierge). »

« Comment un joli couple (dit
» Elvire), ils sont mariés ? »

« Sans doute qu'ils le sont (reprit
» Manuela). A vous dire le vrai c'est
» quelque mariage fait contre le gré
» des parens, quelque fille enlevée.
» Personne ici n'en est la dupe ;
» nous voyons bien que ce ne sont
» pas là des paysans. »

» Mon mari demanda à Elvire
pourquoi elle s'était écriée, et il
ajouta : « On dirait que c'est là le
» chanteur mystérieux. ». — En ce
moment nous entendîmes dans la
maison vis-à-vis des préludes de
guitare et une voix qui confirma les
soupçons de mon mari. — « Cela est
» singulier (dit-il); mais puisqu'il
» est marié, ses serénades s'adres-

» saient apparemment à quelque voi-
» sine. »

« En vérité (dit Elvire) j'avais
» cru qu'elles étaient pour moi. » –
Cette naïveté nous fit un peu rire,
et puis nous n'en parlâmes plus. Nous
passâmes six semaines à Villaca; pendant ce temps les jalousies de la maison vis-à-vis restèrent constamment
fermées ; nous n'aperçumes pas nos
voisins, et je crois qu'ils avaient
quitté Villaca avant nous.

» Bientôt nous apprîmes que le
comte de Rovellas était rétabli, et
que les spectacles de taureaux allaient
recommencer. Nous retournâmes à
Ségovie. Ce ne furent que fêtes et
inventions galantes. Les soins du
comte finirent par toucher le cœur

d'Elvire, et les noces furent célébrées avec la plus grande magnificence.

» Le comte était marié depuis trois semaines, lorsqu'il apprit que son exil était fini, et qu'on lui permettait de reparaître à la cour. Il se faisait un grand plaisir d'y conduire ma sœur; mais il voulut, avant de quitter Ségovie, savoir le nom de celui qui avait sauvé ses jours. Il fit donc publier que tout homme qui lui en donnerait des nouvelles certaines recevrait une récompense de cent pièces de huit, c'est-à-dire, huit cents pistoles. — Le lendemain, il reçut la lettre suivante :

« Monsieur le comte de Rovellas,

» Votre excellence se donne une
» peine inutile. Renoncez au projet
» de connaître l'homme qui vous a
» sauvé la vie. Contentez-vous de
» savoir que vous lui avez arraché
» la sienne. »

» Rovellas montra cette lettre à mon mari, et il lui dit d'un air hautain que cet écrit ne pouvait venir que d'un rival ; qu'il ne savait pas qu'Elvire avait eu des affaires de cœur, et que s'il l'eût su, il ne l'eût pas épousée. — Mon mari pria le comte de mettre plus de réserve dans ses discours, et ne retourna plus chez lui.

» Il ne fut plus question d'aller à la cour. Rovellas devint sombre et emporté ; toute sa vanité était devenue de la jalousie, et la jalousie tourna en une fureur concentrée. Mon mari m'ayant communiqué le contenu de la lettre anonyme, nous en conclûmes que le paysan de Villaca avait dû être quelqu'amant déguisé et malheureux. Nous fîmes prendre des informations ; mais l'inconnu avait disparu et vendu sa maison.

» Elvire était enceinte ; nous lui cachâmes soigneusement tout ce que nous savions sur les sentimens de son mari. Elle s'aperçut de son changement, et ne sut à quoi l'attribuer. Le comte ne la vit plus qu'aux heures des repas ; alors la conversation était pénible et sur le ton de l'ironie.

« Comme ma sœur entrait dans son neuvième mois, Rovellas prétexta des affaires qui l'appelaient à Cadix. Au bout de huit jours, nous vîmes arriver un homme de loi qui remit une lettre à Elvire, lui enjoignant d'en faire lecture devant témoins. Nous nous rassemblâmes, et voici quel était le contenu de cette épître :

« Madame,

» J'ai découvert votre intrigue avec
» don Sanche de Peña Sombre. Je
» m'en doutais depuis long-temps.
» Mais son séjour à Villaca prouve
» assez votre perfidie maladroitement

» couverte par la sœur de don Sanche,
» qu'il faisait passer pour sa femme.
» Mes richesses méritaient sans doute
» la préférence. Vous ne les par-
» tagerez point. Nous ne vivrons
» plus ensemble. J'assurerai cepen-
» dant votre existence; mais je ne
» reconnais point l'enfant qui naîtra
» de vous. »

» Elvire n'entendit pas la fin de cette lecture; elle était évanouie dès les premières lignes. Mon mari partit dès le même soir pour venger l'injure de ma sœur. Rovellas venait de s'embarquer pour l'Amérique. Mon mari se mit sur un autre navire; un coup de vent les fit périr tous les deux. Elvire accoucha de la jeune fille qui est avec moi, et mourut deux jours après. Comment ne suis-je pas morte aussi ? En vérité je n'en sais rien. Je crois que la force de mon chagrin m'a donné celle de le supporter. La petite avait, au baptême, reçu le nom d'Elvire. En elle je revoyais sa mère; elle n'avait au monde que moi, et je résolus de lui consacrer ma vie.

» Je cherchai d'abord à faire valoir ses droits sur la succession de son père. On me dit qu'il fallait s'adresser à l'audience de Mexico. J'écrivis en Amérique. Il me fut répondu que la succession avait été partagée entre vingt collatéraux, et que l'on savait assez que Royellas n'avait pas reconnu la fille de ma sœur. Tout mon revenu n'eût pas suffi pour payer six pages de procédure. Je me contentai de constater à Ségovie la naissance et l'état d'Elvire. Je vendis la maison que j'avais en ville, et je me retirai à Villaca, avec mon petit Lonreto, qui avait bientôt trois ans, et ma petite Elvire, qui avait autant de mois. Mon plus grand chagrin était d'avoir toujours devant les yeux la maison où s'était aller nicher le maudit inconnu avec son mystérieux amour. Enfin, je m'y accoutumai, et mes enfans me consolaient de tout.

» Il n'y avait pas encore un an que j'étais retirée à Villaca, lorsque je reçus d'Amérique une lettre ainsi conçue :

HISTOIRE

« Madame de Torres,

» Les présentes lignes vous sont
» adressées par l'infortuné dont le
» respectueux amour a causé les mal-
» heurs de votre maison. Mon respect
» pour l'incomparable Elvire était,
» s'il est possible, plus grand encore
» que l'amour qu'elle m'inspira dès
» la première vue. Je n'osais donc
» faire entendre mes soupirs et ma
» guitare que lorsque la rue étant
» abandonnée, je n'avais plus de
» témoins de mon audace.

» Le comte de Rovellas s'étant dé-
» claré l'esclave des charmes vain-
» queurs de ma liberté ; je crus
» devoir renfermer dans mon sein
» jusqu'aux moindres étincelles d'une

» flamme qui pouvait devenir cou-
» pable. Sachant cependant que vous
» deviez passer quelques temps à
» Villaca, j'y achetai une maison.
» Là, caché derrière mes jalou-
» sies, je contemplais quelquefois
» celle à qui je n'eusse jamais osé
» adresser la parole, et moins en-
» core déclarer mes vœux. J'avais
» avec moi ma sœur, que je faisais
» passer pour ma femme, afin d'é-
» carter tout ce qui eût pu donner
» lieu de croire que je fusse un
» amant.

» Le danger d'une mère chérie
» nous fit courir dans ses bras. A
» mon retour, je trouvai Elvire por-
» tant le nom de Rovellas. Je dé-
» plorai la perte d'un bien auquel

» je n'avais jamais osé prétendre,
» et j'allai cacher ma douleur dans
» les déserts d'un autre hémisphère.
» C'est-là que j'ai appris les indignités
» dont j'avais été la cause innocente,
» et les horreurs dont on avait ac-
» cusé mon respectueux amour.

» Je déclare donc que le feu comte
» de Rovellas en a menti lorsqu'il a
» avancé que mon respect pour la
» divine Elvire avait pu me rendre
» père de l'enfant qu'elle portait dans
» son sein.

» Je déclare que cela est faux, et
» je jure sur ma foi et mon salut de
» n'avoir jamais d'autre femme que
» la fille d'Elvire. Ce qui doit prouver
» qu'elle n'est point la mienne; et,
» en témoignage de cette vérité,

» j'atteste la Vierge et le sang pré-
» cieux de son fils, qui me soit en
» aide à ma dernière heure.

» Don Sanche de Penna Sombre.

» *P. S.* J'ai fait contresigner cette
» lettre par le corrégidor d'Acapulco,
» faites-la aussi vidimer et légaliser
» à l'audience de Ségovie. »

» Je n'eus pas plutôt achevé la lecture de cette lettre, que je me répan-
dis en imprécations contre le Penna
Sombre et son mystérieux amour.
« Ah! malheureux (lui dis-je), extra-
» vagant, original, Satan, Lucifer;
» pourquoi le taureau que tu as tué
» sous nos yeux ne t'a-t-il pas plu-
» tôt éventré. Ton maudit respect

» a causé la mort de mon mari et de
» ma sœur; tu as ruiné cette pauvre
» petite; tu m'as condamnée à passer
» ma vie dans la misère, et main-
» tenant tu viens demander en ma-
» riage un enfant de dix mois. Que
» le ciel te confonde. » — Enfin
je dis tout ce que le dépit m'inspira, et puis j'allai à Ségovie, où
je fis légaliser la lettre de don Sanche.
A mon arrivée dans notre ville,
je trouvai mes affaires en mauvais
état; les paiemens de la maison que
j'avais vendue avaient été arrêtés pour
subvenir aux pensions que nous faisions aux cinq chevaliers de Malte;
et celle de mon mari fut sup-
primée. Il ne me resta que notre
petit domaine de Villaca, et j'y re-

tournai avec d'autant plus de plaisir. J'y trouvai mes enfans sains et joyeux. Je gardai la femme qui en avait eu soin, et, avec un laquais et un valet de charrue, elle composa tout mon domestique. Je vécus de cette manière sans connaître le besoin. Ma naissance et le rang qu'avait occupé mon mari me faisaient considérer dans la bourgade, et chacun m'y rendait les services qui étaient en son pouvoir. Six années se passèrent ainsi, et je souhaite de n'en pas avoir de plus malheureuses.

» Un jour l'alcade de notre bourg vint chez moi ; il avait connaissance de la déclaration extraordinaire de don Sanche, et me dit, en m'apportant la gazette de Madrid : « Madame,

» agréez que je vous fasse mon com-
» pliment sur le brillant mariage que
» va faire mademoiselle votre nièce.
» Lisez cet article. »

Don Sanche de Penna Sombre a rendu au roi les plus éminens services, tant par l'acquisition de deux provinces très-riches en mines, situées au nord du nouveau Mexique, que par la prudence avec laquelle il a terminé la révolte de Cusco. En conséquence, sa majesté lui a conféré la grandesse avec le titre de comte de Penna-Velez. Il vient de partir pour les Philippines en qualité de capitaine-général.

« Dieu soit loué (dis-je à l'alcade);
» Elvire aura, sinon un mari, au
» moins un protecteur. Puisse-t-il

» revenir heureusement des Philippines, être fait vice-roi du Mexique, et nous faire rendre notre bien! »

» Ce que je désirais si fort arriva quatre ans après. Le comte de Penna-Velez fut fait vice-roi; et je lui écrivis en faveur de ma nièce. Il me répondit que je lui faisais une cruelle injure en supposant qu'il pût oublier la fille de l'incomparable Elvire; que bien loin d'être coupable d'un pareil oubli, il avait fait déjà les démarches nécessaires à l'audience de Mexico; que le procès durerait long-temps, et qu'il n'osait pas en presser la marche, parce que ne voulant pas avoir d'autre femme que ma nièce, il ne convenait pas qu'il fît faire à la justice des exceptions en sa faveur. Je vis donc que mon homme tenait ferme à son idée.

» Quelque temps après un banquier de Cadix me fit remettre mille pièces de huit, sans vouloir me dire de qui elles venaient ; je me doutai bien que c'était du vice-roi ; mais, par délicatesse, je ne voulus pas accepter cette somme ni même y toucher, et je priai le même banquier de la placer dans la banque de l'Assiento.

» Je tins toutes ces choses aussi secrètes que je le pus ; mais comme tout finit par se savoir, on sut aussi dans Villaca les vues du vice-roi sur ma nièce et on ne l'appelait que la petite vice-reine. Ma petite Elvire avait alors onze ans, et je crois que la tête eût tourné à toute autre en pareille occasion; mais l'esprit et le cœur de la jeune personne avaient pris un autre pli qui empêchait que la vanité n'y eût prise, et dont je m'aperçus trop tard. Depuis sa première enfance elle avait bégayé les mots d'amour et de tendresse, et son petit cousin Lorento était l'objet de ses sentimens précoces. Souvent j'eus l'idée de les séparer, mais je ne savais que faire de mon fils. Je grondai ma nièce, et tout ce que j'y gagnai, c'est qu'elle se cacha de moi. Vous savez qu'en province nos lectures consistent en romans ou novellas, et en romances que l'on récite en s'accompagnant de la guitare, en manière de mélodrames. Nous avions à Villaca une vingtaine de volumes de cette belle littérature. Je défendis à Elvire de les lire; mais lorsque je m'avisai de cette défense, depuis long-temps elle les savait par cœur.

» Ce qu'il y avait de particulier, c'est que mon petit Lonreto avait précisément la même tournure d'esprit romanesque. Tous deux s'entendaient à merveille, surtout pour se cacher de moi. J'avais cependant quelques soupçons de leur manége, et je voulais mettre Elvire au couvent; mais je n'avais pas trop de quoi payer sa pension. Probablement je ne fis pas ce que j'aurais dû faire, et il en advint que la petite personne au lieu d'être enchantée du titre de vice-reine, alla s'imaginer qu'elle était une amante infortunée, victime du sort, et illustre par ses malheurs. Elle communiqua ses belles idées à son cousin, et tous deux résolurent de soutenir les droits sacrés de l'amour contre les tyranniques décrets de la fortune. Tout cela dura trois ans, sans que je m'en doutasse le moins du monde.

» Enfin, un beau jour je les surpris au poulailler dans l'attitude la plus tragique; Elvire était couchée sur une cage à poulets, tenant un mouchoir et fondant en larmes; Lonreto à genoux pleurait aussi de toutes ses forces. Je leur demandai ce qu'ils faisaient là. Ils me répondirent qu'ils représentaient une situation du roman de Fuenderozas y Lindamora. — Pour le coup, je ne fus pas leur dupe et je vis bien qu'il y avait de l'amour sur jeu. Je ne parus pas m'en apercevoir, mais j'allai chez notre curé et lui demandai conseil sur le parti que j'avais à prendre. Le curé, après avoir un peu réfléchi, dit qu'il écrirait à un ecclésiastique de ses amis qui pourrait prendre Lonreto chez lui. Qu'en attendant, je devais dire des neuvaines à la Vierge, et bien fermer la porte du cabinet où couchait Elvire. — Je remerciai le curé, je dis les neuvaines, je fermai la porte d'Elvire ; mais malheureusement je n'avais pas fermé la fenêtre. Une nuit j'entendis du bruit chez elle : j'ouvris la porte

et je la trouvai couchée avec Lonreto. Ils sautèrent de leur lit en chemise, et, se jetant à mes pieds, ils
me dirent qu'ils étaient mariés. —
« Qui vous a mariés (leur dis-je)?
» Quel prêtre a pu commettre une
» pareille indignité ?

» Non madame (me répondit Lon-
» reto avec un grand sérieux), aucun
» prêtre ne s'est mêlé de cette affaire.
» Nous nous sommes mariés sous le
» grand marronier ; le Dieu de la na-
» ture a reçu nos sermens en présence
» de l'aurore naissante, et les oiseaux
» d'alentour en ont été les témoins.
» C'est ainsi, madame, que la char-
» mante Lindamora est devenue l'é-
» pouse de l'heureux Fuenderozas ; et
» cela est imprimé dans leur histoire.

» Ah ! malheureux enfans (leur
» dis-je)! vous n'êtes point mariés,
» et vous ne pouvez l'être ; vous
» êtes cousins germains. » — Le chagrin m'avait si fort abattue que je
n'eus pas même le courage de gronder.
Je dis à Lonreto de se retirer, et
je me jetai sur le lit d'Elvire, que
j'inondai de mes pleurs. Mon afflic-
tion eût peut-être été moindre si
j'eusse osé prendre conseil de quelqu'un, mais je n'osais révéler la honte
de mes enfans ; et je mourais de
honte moi-même, me regardant comme
la seule coupable. Je passai ainsi deux
jours à pleurer continuellement. Le
troisième, je vis arriver devant ma
maison une longue file de chevaux
et de mules. On m'annonça le cor-

régidor de Ségovie. Ce magistrat, après les premiers complimens, me dit que le comte de Penna-Velez, grand d'Espagne et vice-roi du Mexique, arrivé en Europe depuis peu de jours, l'avait chargé d'une lettre pour moi, et que la considération qu'il avait pour ce seigneur l'avait engagé à me la remettre en mains propres. Je le remerciai de son attention, et je pris la lettre, qui était conçue en ces termes :

« Madame la marquise de Torres.

» Il y a aujourd'hui treize ans
» moins deux mois, que j'eus l'hon-
» neur de vous déclarer que je
» n'aurais jamais d'autre femme
» qu'Elvire de Rovellas, âgée de

» sept mois et demi, le jour où
» ma lettre fut écrite en Amérique.
» Le respect que j'avais dès-lors pour
» son aimable personne, n'a fait
» que croître avec ses charmes. Je
» me proposais de voler à Villaca,
» pour me jeter à ses pieds; mais
» les ordres suprêmes de sa majesté
» don Carlos II, me prescrivent
» de ne point me rapprocher de
» Madrid de plus de cinquante
» lieues. C'est pourquoi je m'attends
» à voir vos grâces sur le chemin qui
» conduit de Ségovie à Burgos.
» Je suis avec respect,
» de vos grâces,
» le fidèle serviteur,
» don SANCHE,
» comte de Penna-Velez. »

« Telle était la lettre du respectueux vice-roi; malgré mon chagrin, je ne pus m'empêcher d'en rire un peu. Le corrégidor me remit encore le porte-feuille où se trouvait la somme que j'avais placée à l'Asiento; puis il prit congé de moi, alla dîner chez l'alcade, et partit pour Ségovie.

» Quant à moi, je restai aussi immobile qu'une statue, tenant la lettre dans une main, et le porte-feuille dans l'autre. Je n'étais même pas encore revenue de ma surprise, lorsque l'alcade vint me dire qu'il avait reconduit le corrégidor jusqu'à la frontière de son territoire, et qu'il était à mes ordres pour me procurer des mules, des valets, des guides, des selles, des vivres, enfin tout ce qu'il fallait pour me mettre en voyage.

» Je laissai faire le bon alcade; grâces à ses soins empressés, nous fûmes en état de partir le lendemain. Nous avons couché à Villa-Verde, et nous voici. Demain nous arriverons à Villa-Réal, où nous trouverons le respectueux vice-roi; mais que lui dirai-je, que dira-t-il lui-même en voyant les pleurs de cette petite. Je n'ai pas osé laisser mon fils à la maison, pour ne pas donner de soupçons à l'alcade et au curé, et peut-être plus encore par faiblesse, et dans la crainte de faire de la peine à ce pauvre enfant. Je l'ai donc déguisé en valet de mule,

Dieu sait ce qui en arrivera ; je crains et je désire que tout se découvre. Enfin, il faut que je voie le vice-roi, il faut que je sache de lui ce qu'il a fait pour recouvrer le bien d'Elvire ; si elle ne mérite plus d'être sa femme, je veux qu'elle l'intéresse assez pour qu'il en fasse sa pupille. Mais moi, à mon âge, de quel front lui ferai-je l'aveu de ma négligence. En vérité, si je n'étais chrétienne, je préférerais la mort à un pareil moment. »

Fin de l'histoire de Marie de Torres.

La bonne Marie finit ici son récit, et, s'abandonnant à la douleur, elle versa un torrent de larmes; ma bonne tante tira aussi son mouchoir, et se mit à pleurer; je pleurai aussi. Elvire sanglota au point qu'il fallut la délacer et la mettre au lit : cet accident fut cause que tout le monde alla se coucher.

Je me couchai aussi et m'endormis. Le soleil n'était pas encore levé, que je me sentis tirer par le bras; je m'éveillai, et je dis : « Qui va
» là ? — Parlez bas (me répondit-
» on), je suis Lonreto. Elvire et
» moi, nous avons imaginé un expé-
» dient qui nous tirera d'embarras,
» au moins pour quelques jours.
» Voilà ses habits que je vous ai
» apportés : mettez-les; Elvire pren-
» dra les vôtres; ma mère est bonne,

» elle nous pardonnera. Pour ce qui
» est des muletiers et autres gens
» de Villaca, ils ne pourront nous
» trahir, car ils viennent d'être
» remplacés par d'autres, envoyés
» par le vice-roi. La femme de
» chambre est dans nos intérêts;
» habillez-vous vite, puis vous vous
» coucherez dans le lit d'Elvire, et
» elle se mettra dans le vôtre. »

Je ne trouvai rien à objecter à la proposition de Lonreto, et je m'habillai le plus vite que je pus. J'avais douze ans; j'étais grand pour mon âge, et les habits d'Elvire m'allaient parfaitement.

Dès que je fus habillé, j'allai me mettre sur le lit d'Elvire; et, bientôt après, j'entendis comme l'on disait à sa tante que le majordome du vice-roi l'attendait dans la cuisine, qui servait de salle commune. Un instant après, on appela Elvire, et je descendis à sa place. Sa tante leva les mains au ciel, et tomba sur une chaise qui était derrière elle; mais le majordome ne le vit point. Il mit un genou en terre, m'assura des respects de son maître, et me présenta un écrin. Je le reçus très-gracieusement, et lui ordonnai de se relever; beaucoup de gens du vice-roi entrèrent pour me saluer, et crièrent par trois fois : *Viva la nostra vireyna!*

Ma tante vint ensuite, suivie d'Elvire, habillée en garçon. Elle faisait, à Marie de Torres, des signes d'intelligence, pour qu'elle comprît qu'il n'y avait rien à faire qu'à nous laisser aller notre train.

Le majordome demanda quelle était cette dame ? Je lui répondis qu'elle était de Madrid, et qu'elle allait à Burgos, placer son fils au collége des Théatins. Il la pria de vouloir bien accepter les litières du vice-roi. Ma tante en demanda une pour son neveu, qu'elle dit être très-délicat et fatigué de la route. Le majordome donna ses ordres en conséquence. Ensuite il me présenta sa main gantée, et me fit monter dans ma litière. Bientôt après j'ouvris la marche, et toute la troupe se mit en mouvement.

Me voilà donc future vice-reine, un écrin de brillans à la main, porté par deux mules blanches, dans une litière dorée, escorté de deux écuyers qui caracolaient à mes portières. Cette situation était singulière pour un garçon de mon âge, et je me mis, pour la première fois de ma vie, à réfléchir sur le mariage, sorte de lien dont la nature ne m'était pas tout à fait connue. Cependant j'en savais assez pour être certain que le vice-roi ne m'épouserait jamais, et qu'ainsi je ne risquais rien de prolonger son erreur, et de donner à mon ami Lonreto, le temps d'imaginer quelque expédient pour se tirer d'affaire; et servir un ami, me paroissait très-beau. Enfin, je me résolus à faire la jeune fille. Pour m'y exercer, je m'enfonçai dans ma litière, minaudant et me donnant des airs. Je me rappelai aussi qu'en marchant il fallait éviter de faire de grands pas, et en tout me garder des grands mouvemens.

J'en étais là de mes réflexions, lorsqu'un grand tourbillon de poussière m'annonça le vice-roi. Le majordome me fit mettre pied à terre, et me dit de m'appuyer sur son bras. Le vice-roi descendit de cheval, mit un genou en terre, et me dit : « Madame, daignez agréer » les témoignages d'un amour qui a » commencé à votre naissance, et » qui ne finira qu'à ma mort. » Ensuite il me baisa la main, et, sans attendre ma réponse, il me remit dans ma litière, remonta à cheval, et fit continuer la route. Comme il caracolait à côté de ma litière, et ne jetait pas souvent les yeux sur moi, j'eus le temps de l'examiner à mon aise. Ce n'était plus ce jeune homme qui avait paru si beau à Marie de Torres lorsqu'il délivra Rovellas, ou lorsqu'il revenait avec sa charrue au village de Villaca. Le vice-roi pouvait encore passer pour un bel homme; mais son teint, brûlé par le soleil de la ligne, était beaucoup plus près du noir que du blanc; et ses sourcils, qui lui tombaient sur les yeux, donnaient à sa physionomie, que tous les soins qu'il prenait ne parvenaient pas à adoucir, une tournure qui n'avait rien d'affable. Lorsqu'il parlait aux hommes, il avait une voix de tonnerre, et lorsqu'il parlait aux femmes, c'était un fausset flûté qu'on ne pouvait entendre sans rire ; quand il se tournait du côté de ses gens, il semblait commander une armée, et quand il s'adressait à moi, il paraissait prendre mes ordres pour une expédition.

Plus je faisais d'observations sur le vice-roi, et moins je me trouvais à mon aise ; je réfléchis sur son caractère, et il me parut évident que le moment où il découvrirait que j'étais un garçon, deviendrait le signal d'une fustigation dont l'idée seule me faisait frémir. Je n'eus donc pas besoin de feindre la timidité. Je tremblais de tous mes membres, et je n'osai plus lever les yeux sur personne.

Nous arrivâmes à Valladolid; le majordome me donna la main et me conduisit à l'appartement qui m'était destiné; j'y fus suivi par les deux tantes. Elvire voulut entrer, mais on la renvoya comme un polisson; pour Lonreto, il restait avec les valets d'écurie.

Dès que je me vis seul avec les tantes, je me jetai à leurs pieds, les conjurant de ne point me trahir, et leur faisant une cruelle peinture des punitions auxquelles m'exposerait la moindre indiscrétion. L'idée de me voir fouetté, mit ma tante au désespoir. Elle joignit ses instances aux miennes, mais elles étaient superflues. Marie de Torres aussi effrayée que nous, ne songeait qu'à retarder le dénouement autant qu'elle le pourrait.

Enfin on annonça le dîner : le vice-roi me reçut à la porte de la salle à manger, me conduisit à ma place, et se mit à ma gauche; il mit Marie de Torres à côté de lui et ma tante vis-à-vis. Tout cet arrangement se fit avec beaucoup d'appareil, et le majordome indiqua aux autres personnes de la suite les places qu'elles devaient occuper. On mangea long-temps en silence; enfin le vice-roi s'adressant à Marie de Torres, lui dit : « Madame, j'ai vu

» avec peine dans une lettre que
» vous m'avez écrite en Amérique,
» que vous semblassiez douter que
» je vinsse remplir ma promesse, et
» demander en mariage la char-
« mante Elvire. — Monseigneur
» (dit Marie), ma nièce paraîtrait
» et serait véritablement plus digne
» de votre grandeur, si j'avais pensé
» que ce fût votre sérieux.

» On voit bien (dit le vice-roi),
» que vous êtes d'Europe, car dans
» le Nouveau-Monde, on sait que je
» ne plaisante jamais ». Ensuite la conversation tomba, et ne se releva plus. Lorsqu'on fut levé de table, le vice-roi me conduisit jusqu'à la porte de mon appartement. Les deux tantes allèrent chercher la véritable

Elvire, que l'on avait fait manger à la table du majordome. Je restai avec sa femme de chambre qui était devenue la mienne; elle savait que j'étais un garçon, et ne m'en servit pas avec moins de zèle, mais elle avait aussi une peur affreuse du vice-roi. Nous nous encourageâmes mutuellement, et nous finîmes par rire d'assez bon cœur.

Mes tantes revinrent, et comme le vice-roi ne devait plus nous revoir de la journée, elles firent entrer secrètement Elvire et Lonreto. Alors la joie fut complète, nous rîmes comme des fous; les deux tantes charmées d'avoir un jour de répit, partagèrent presque notre gaîté.

Lorsque la soirée fut plus avancée,

nous entendîmes une guitare, et nous aperçûmes le vice-roi enveloppé d'un manteau, et demi-caché par une maison voisine, sa voix n'était plus celle d'un jeune homme, mais il chanta très-juste, et l'on pouvait juger qu'il s'était beaucoup occupé de musique.

La petite Elvire, qui était au fait des usages de la galanterie, ôta un de mes gants et le jeta dans la rue. Le vice-roi le ramassa, le baisa et le mit dans son sein. — Mais, je n'eus pas plutôt accordé cette faveur, qu'il me sembla que ce seraient cent coups de verges que je recevrais, lorsque le vice-roi saurait quelle Elvire il avait en moi. Cette réflexion me rendit si triste, que je ne songeai plus qu'à m'aller coucher. Elvire et Lonreto prenant congé de moi, versèrent quelques larmes. « A » demain, leur dis-je ». Peut-être, me répondit Lonreto ; puis je me couchai dans une même chambre avec ma nouvelle tante. Je me déshabillai le plus modestement que je pus, ce qu'elle fit aussi de son côté.

Le lendemain matin, nous fûmes réveillés par ma tante Delanosa, qui nous apprit qu'Elvire et Lonreto s'étaient échappés pendant la nuit, et qu'on ne savait ce qu'ils étaient devenus. Cette nouvelle fut un coup de foudre pour Madame de Torres, qui, perdant à la fois sa nièce et son fils, en était dans une extrême douleur. Et moi, il me semblait qu'abandonné par Elvire, il ne me restait plus qu'à devenir vice-reine à sa place, ou bien à recevoir un châtiment que je craignais plus que la mort. J'étais à faire mes réflexions sur cette cruelle alternative, lorsque le majordome m'annonça qu'il fallait partir, et m'offrit le bras pour descendre l'escalier. J'avais l'esprit frappé de la nécessité de devenir vice-reine; et par un mouvement involontaire je me rengorgeai, et pris un air de dignité, qui fit rire mes tantes en dépit de leur chagrin.

Ce jour-là, le vice-roi ne caracola pas à mes portières. Nous le trouvâmes à Torque Mada, à la porte de l'auberge; la faveur que je lui avais accordée la veille l'avait rendu hardi. Il me montra mon gant caché derrière sa veste, puis il me prit la main pour me faire descendre, la serra un peu, et la baisa. Je ne pouvais me défendre d'une sorte de plaisir, en me voyant ainsi traité par un vice-roi; mais j'étais toujours troublé par l'idée du fouet, qui probablement succéderait à tous ces témoignages de respect.

Nous passâmes un instant dans l'appartement destiné aux femmes, et puis l'on annonça le dîner; nous fûmes placés à peu près comme la veille. Le premier service se passa dans un grand silence. Lorsqu'on commença à apporter le second service, le vice-roi, s'adressant à ma tante Dalanosa, lui dit : « J'ai appris, Madame, le tour que vous ont joué votre neveu et son petit valet; si nous étions au Mexique, ils seraient bientôt entre mes mains; mais enfin, j'ai ordonné qu'on les cherchât. Si on les trouve, votre neveu recevra solennellement le fouet dans la cour des Théatins, et le petit valet d'écurie fera un tour aux galères ». — Ce mot de galères, joint à l'idée de son fils, fit à l'instant évanouir madame de Torres, et l'idée du fouet dans la cour des Théatins, me fit tomber de ma chaise.

Le vice-roi mit à me secourir la galanterie la plus empressée; je me

remis un peu, et fis assez bonne contenance pendant le reste du repas. Lorsqu'on fut levé de table, le vice-roi, au lieu de me conduire dans mon appartement, me mena, ainsi que les deux tantes, sous des arbres vis-à-vis de l'auberge, et nous ayant fait asseoir il nous dit : « Mesdames,
» je me suis aperçu que vous aviez
» pris quelqu'ombrage d'une appa-
» rente dureté que l'on voit dans
» mes manières, et que peut-être j'ai
» gagnée dans l'exercice des grands
» emplois, car elle est très-loin de mon
» cœur. Je pense aussi, que vous
» ne pouvez me connaître sur quel-
» ques traits de ma vie, dont vous
» ignorez les motifs et l'enchaîne-
» ment. Vous devez désirer de sa-

» voir mon histoire, et il me semble
» convenable de vous la raconter.
» J'espère au moins, qu'en me con-
» naissant davantage, vous n'aurez
» plus de moi la peur que je
» vous ai vue aujourd'hui. — Après
avoir ainsi parlé, le vice-roi se tut
pour savoir notre réponse. Nous lui
témoignâmes le plus vif désir de le
connaître plus particulièrement. Il
nous remercia de cette marque d'intérêt, et commença en ces termes:

HISTOIRE DU COMTE DE PENNA-VELEZ.

« Je suis né dans le beau pays
qui environne Grenade, dans une
maison de campagne que mon père
avait sur les bords du romantique

Hénil. Vous savez que les poëtes espagnols placent dans notre province le théâtre de toutes les scènes pastorales. Ils nous ont persuadés que notre climat devait inspirer l'amour, et il n'est guère de Grenadin qui ne passe sa jeunesse, et quelquefois sa vie entière, sans autre occupation que d'aimer.

» Lorsque chez nous un jeune homme entre dans le monde, son premier soin est de choisir la dame de ses pensées; si elle accepte son hommage, il se déclare son embécévido, c'est-à-dire, fou ou forcené de ses appas. La dame, en le recevant pour tel, prend un engagement tacite de ne confier qu'à lui ses gants et son éventail, et de lui donner la préférence lorsqu'il s'agit de lui apporter un verre d'eau, que l'embécévido présente à genoux; de plus il a le droit de caracoler à ses portières, de lui offrir de l'eau bénite à l'église, et quelques autres privilèges de la même importance. Les maris ne sont point jaloux de ces sortes de relations, et ils auraient tort de l'être, d'abord parce que les femmes ne reçoivent point compagnie chez elles, où d'ailleurs elles sont toute la journée environnées de duègnes et de caméristes; puis à vous dire le vrai, celles de nos femmes qui se décident à être infidèles à leurs maris, ne donnent point la préférence à l'embécévido; elles jettent les yeux sur quelque jeune parent qui ait accès dans la maison, et les plus corrompues prennent des amans dans les dernières classes de la société.

» Tel était le ton de la galanterie Grenadine lorsque je parus dans le monde; mais la mode ne m'entraîna point : ce n'est pas que je fusse insensible; bien loin de là, mon cœur avait plus qu'un autre ressenti la tendre influence de notre climat, et le besoin d'aimer fut le premier sentiment qui anima ma jeunesse. Mais je ne tardai pas à me convaincre que l'amour était toute autre chose que ce commerce de fadaises que nos dames entretenaient avec leurs embécévidos; commerce qui véritablement n'avait rien de coupable, mais dont l'effet était pourtant d'intéresser le cœur d'une femme, pour un homme qui ne devait jamais posséder sa personne, et d'affaiblir ses sentimens pour celui auquel appartenaient sa personne et son cœur. Ce partage me révolta : amour et mariage me parurent devoir être une seule et même chose; et le mariage, embelli de tous les traits de l'amour, devint la plus secrète, comme la plus chère de mes pensées, l'idole de mon imagination; enfin, s'il faut vous l'avouer, à force de caresser cette idée favorite, elle s'empara si bien de toutes les facultés de mon âme, que ma raison en reçut quelque atteinte, et quelquefois on m'eût pris pour un véritable embécévido (1).

---

(1) Voyez les Mémoires de Madame d'Aunoi.

» Entrais-je dans une maison, bien loin de m'occuper de la conversation, je me plaisais à imaginer que la maison était à moi, et j'y logeais ma femme. Je meublais son salon des plus belles toiles des Indes, de nattes de la Chine, et de tapis de Perse, sur lesquels je voyais déjà l'empreinte de ses pas; je croyais voir aussi les carreaux où elle s'asseyait de préférence. Sortait-elle pour prendre l'air, elle trouvait un balcon orné des plus belles fleurs, avec une volière peuplée des oiseaux les plus rare. Quant à sa chambre à coucher, c' un sanctuaire que mon imagination n'osait profaner. Pendant que je m'occupais ainsi, la conversation allait toujours son train. Je n'y prenais part, qu'en répondant à tort et à travers lorsqu'on m'adressait la parole, et c'était toujours avec un peu d'humeur, parce que je n'aimais pas à être troublé dans mes arrangemens.

» Telle était la façon singulière dont je me comportais dans les visites. A la promenade, c'était même folie; si j'avais un ruisseau à passer, j'entrais dans l'eau jusqu'à mi-jambes..... Ma femme passait sur les pierres, s'appuyant sur mon bras, et récompensait mes soins par un sourire céleste. Les enfans me ravissaient : je n'en rencontrais pas un que je ne le mangeasse de caresses; et une femme, nourrissant le sien, me semblait le chef-d'œuvre de la création.....

Ici le vice-roi se tournant de mon côté, d'un air tendre et respectueux, me dit : « Je n'ai point changé d'avis sur ce point, et je me persuade que l'adorable Elvire ne fera point passer dans le sang de ses enfans, le lait souvent impur d'une mercenaire. »

Cette proposition me déconcerta plus que vous ne pouvez l'imaginer; je joignis les mains, et je dis : « Monseigneur, au nom du ciel, ne me parlez jamais de choses pareilles, car je n'y entends rien du tout. » — « Mademoiselle (reprit le vice-roi), je ne me console point d'avoir alarmé votre

» innocence, et je continuerai mon
» histoire sans retomber dans une
» pareille faute. » — En effet, il
continua en ces termes :

» Mes fréquentes distractions firent
penser à Grenade que j'avais perdu
la raison, et véritablement il en
était quelque chose; ou plutôt je
paraissais fou, parce que ma folie
était différente de celle de mes concitoyens. J'aurais passé pour sage, si
j'eusse été le fou déclaré de quelque dame de Grenade. Cependant,
comme cette réputation n'a rien de
flatteur, je pris le parti de quitter
mon pays pour quelque temps. J'y
étais encore déterminé par un autre
motif. Je voulais être heureux avec
ma femme, et par elle. Si j'eusse

épousé une Grenadine, elle se serait crue en droit d'accepter les hommages d'un embécévido, et, comme on l'a vu, ce n'était pas mon compte. Je me déterminai donc à partir, et j'allai à la cour. J'y trouvai les mêmes fadaises sous d'autres dénominations; celle d'embécévido, qui, de Grenade, a passé aujourd'hui jusqu'à Madrid, n'était point alors en usage. Les dames de la cour appelaient *cortehho*, leur amant préféré, bien que malheureux, et elles appelaient simplement *galanes*, les amoureux, encore plus maltraités, qui n'étaient payés au plus que d'un sourire, et cela une ou deux fois par mois. Mais tous, indistinctement, portaient les couleurs de leur dame, et caracolaient autour de sa voiture, ce qui faisait tous les jours, au Prado, une poussière qui rendait inhabitables les rues voisines de cette belle promenade.

» Je n'avois ni un nom assez illustre, ni assez de fortune, pour être fort remarqué à la cour; mais je m'y fis connaître par mon adresse dans les combats de taureaux. Le roi m'adressa plusieurs fois la parole, et les grands me firent l'honneur de rechercher mon amitié. J'étais, entre autres, fort connu du comte de Rovellas. Mais lorsque j'ai tué son taureau, il était privé de sentiment, et n'a pu me reconnaître. Deux de ses piqueurs me connaissaient très-bien; mais apparemment ils étaient occupés ailleurs, sans quoi ils n'eussent pas manqué de réclamer les mille pièces de huit promises par le comte, à qui lui donnerait des nouvelles de son libérateur.

Un jour que je dînais chez le ministre de la harienda, ou des finances, je m'y trouvai placé à côté de don Henrique de Torres, le digne époux de Madame; il était venu à Madrid pour affaires. C'était la première fois que j'avais l'honneur de lui adresser la parole; mais son air inspirait la confiance, et je ne tardai pas à mettre la conversation sur son sujet favori; c'est-à-dire, sur le mariage et la galanterie. Je demandai à don Henrique, si les dames de Ségovie avaient aussi des embécévidos, cor-

tehhos, ou galanès? « Non (me
» répondit-il); nos mœurs n'ont
» encore admis aucun personnage
» de cette espèce. Lorsque nos dames
» vont à la promenade, appelée le
» *Locodover*, elles sont à demi-voi-
» lées, et il n'est pas d'usage qu'on
» les aborde, soit qu'elles soient à
» pied, ou en voiture. Nous ne
» recevons non plus dans nos mai-
» sons, que la première visite, tant
» d'un homme que d'une femme;
» mais il est d'usage que nos fem-
» mes passent les soirées à leurs
» balcons, qui sont peu élevés au-
» dessus de la rue. Les hommes
» s'arrêtent pour parler aux per-
» sonnes de leur connaissance; les
» jeunes gens, après avoir rodé de

» balcon en balcon, finissent leur
» soirée devant quelque maison où
» se trouve une fille à marier. Mais
» (ajouta don Henrique), de tous
» les balcons de Ségovie, c'est le
» mien qui reçoit les hommages les
» plus assidus, et il les doit à ma
» belle-sœur Elvire de Norugna,
» qui, à toutes les excellentes qualités
» de mon épouse, joint une beauté
» qui n'a pas sa pareille dans les Es-
» pagnes. »

» Ce discours du marquis de
Torres me fit une grande impression ; une personne aussi belle, douée des qualités aussi excellentes, et dans un pays où il n'y avait pas d'embécévidos, tout cela me parut destiné par le ciel à faire ma félicité.

Plusieurs Ségoviens, que je fis causer sur le même sujet, convenaient que la beauté d'Elvire était incomparable. Je me déterminai à en juger par mes propres yeux.

» Je n'avais pas encore quitté Madrid, que ma passion pour Elvire avait acquis une certaine force. Mais ma timidité augmentait d'autant; et, lorsque je fus arrivé à Ségovie, je ne pus prendre sur moi d'aller voir M. de Torres, ni aucune des connaissances que j'avais faites à Madrid. J'aurais voulu que quelqu'un prévînt Elvire en ma faveur, comme j'étais moi-même prévenu pour elle. J'enviais ceux qu'un grand nom ou des qualités brillantes, annoncent avant qu'ils arrivent; et il me parut que si, au premier abord, je ne faisais aucune impression sur Elvire, il me serait ensuite impossible d'obtenir un sentiment de préférence.

» Je passai plusieurs jours à mon auberge, ne voyant personne. Enfin, je me fis conduire dans la rue où demeurait don Henrique, et voyant un écriteau à la maison vis-à-vis, je demandai s'il s'y trouvait quelque chambre à louer. On m'en montra une sous le toit; je m'en accommodai pour douze réaux par mois; je pris le nom d'Alonzo, et dis être venu pour affaires de commerce.

Cependant toutes mes affaires se bornaient à regarder à travers ma jalousie; et, sur le soir, je vous vis paraître, à votre balcon, avec l'incomparable Elvire. Vous le dirai-je? Je crus, au premier moment, ne voir qu'une beauté commune. Après un court examen, je m'aperçus que la parfaite harmonie qui régnait entre ses traits, rendait sa beauté moins frappante; mais qu'elle reprenait tous ses avantages dès qu'on la comparait avec une autre femme. Vous-même, madame de Torres, vous étiez belle, et j'ose dire que vous ne pouviez soutenir la comparaison.

» Du haut de mon grenier, je remarquai avec un plaisir extrême qu'Elvire était indifférente à tous les hommages, que même elle en paraissait ennuyée. Mais cette observation m'ôta entièrement le désir d'augmenter le nombre de ses adorateurs;

c'est-à-dire, des gens qui l'ennuyaient. Je me résolus à la regarder de ma fenêtre, en attendant quelqu'occasion favorable de me faire connaître, et, s'il faut tout vous dire, je comptais un peu sur les combats de taureaux.

» Vous vous rappellerez, madame, qu'alors je chantais assez bien; je ne pus résister au désir de faire entendre ma voix. Lorsque tous les amoureux eurent gagné leur logis, je descendis avec ma guitare, et je chantai une *tiranne* du mieux qu'il me fut possible. J'en fis autant plusieurs soirées de suite; enfin, je m'aperçus qu'on ne se retirait chez vous qu'après m'avoir entendu. Cette observation remplit mon âme de je ne sais quel sentiment très-doux, qui, cependant, était encore très-loin de l'espérance.

» J'appris alors que Rovellas était exilé à Ségovie. J'en fus au désespoir, et je ne doutai pas un instant qu'il ne devînt amoureux d'Elvire. Je ne me trompai point; se croyant toujours à Madrid, il se déclara publiquement le cortehho de votre sœur. Il prit ses couleurs, ou ce qu'il imagina être ses couleurs, et en bariola sa livrée. Du haut de mon grenier je fus long-temps témoin de son impertinente fatuité, et j'eus le plaisir de voir qu'Elvire le jugeait sur ses qualités personnelles plutôt que sur l'éclat dont il était environné. Mais il était riche, sur le point d'obtenir la grandesse; que pouvais-je offrir en comparaison de pareils avantages ? Rien sans doute. J'en étais convaincu, et j'aimais Elvire avec un tel désintéressement, que j'en vins au point de désirer qu'elle épousât Rovellas. Je ne songeai plus à être connu d'elle, et je cessai de chanter sous vos fenêtres.

» Cependant Rovellas n'exprimait sa passion que par des galanteries, et ne faisait aucune démarche pour obtenir la main d'Elvire. J'appris même que M. de Torres voulait se retirer à Villaca. J'avais pris une douce habitude de demeurer vis-à-vis de sa maison ; je voulus m'assurer le même avantage à la campagne. J'allai à Villaca ; j'y parus sous le nom d'un laboureur de Murcie.

J'achetai une maison vis-à-vis de la vôtre. Je la meublai à ma fantaisie, mais comme les amans déguisés ont toujours quelque chose qui les fait reconnaître, j'imaginai d'aller chercher ma sœur à Grenade, et de la faire passer pour ma femme, ce qui paraissait devoir écarter tout soupçon. — Lorsque j'eus pris tous ces arrangemens, je retournai à Ségovie, où j'appris que Rovellas se préparait à donner un magnifique combat de taureaux. Mais, madame de Torres, vous aviez alors un enfant de deux ans; voudriez-vous bien m'en dire des nouvelles ? »

La tante Torres se rappelant que cet enfant de deux ans était le petit valet d'écurie que le vice-roi voulait envoyer aux galères, tira son mouchoir et fondit en larmes. « Pardonnez » (dit le vice-roi), je vois que je » vous retrace quelque cruel souvenir ; mais la suite de mon histoire exige que je vous parle de » ce malheureux enfant. »

« Vous vous rappellerez qu'il eut alors la petite vérole ; vous eûtes pour lui les tendres soins d'une mère ; et je sus q. 'Elvire passait aussi les jours et les nuits auprès du lit de l'enfant. Je ne pus résister au plaisir de vous faire connaître qu'il était encore un mortel qui partageait vos peines, et toutes les nuits j'allais sous vos fenêtres chanter quelques mélancoliques romances. Je ne sais, madame de Torres, si vous vous le rappelez ?

« Je me le rappelle parfaitement » (dit la tante Torres). » Et le vice-roi continua en ces termes : « La maladie de votre enfant faisait la nouvelle de toute la ville ; car c'était elle qui retardait la fête des taureaux. Le rétablissement de cet enfant causa une joie universelle. La fête eut lieu, mais elle n'alla pas jusqu'au bout. Rovellas fut cruellement maltraité par le premier taureau, et eût infailliblement péri si je n'eusse prévenu le féroce animal. Je lui plongeai mon épée dans la gorge. Je jetai un coup-d'œil dans votre loge, et je vis qu'Elvire se penchait vers vous, parlait de moi avec une expression qui me fit plaisir. Cependant je me perdis dans la foule.

» Le lendemain, Rovellas un peu rétabli, écrivit une lettre au marquis votre époux, pour lui demander la main d'Elvire. On dit qu'il ne fut pas accepté ; il dit qu'il l'était. Mais comme j'appris que vous vous disposiez à partir pour Villaca, j'en conclus qu'il avait été refusé. Je partis moi-même pour Villaca, où je pris toutes les manières d'un laboureur, conduisant moi-même ma charrue, ou du moins en faisant le semblant, car je laissais tout faire à mon valet.

» Au bout de quelques jours, comme je rentrais chez moi, à la suite de mes bœufs et donnant le bras à ma sœur, qui passait pour ma femme, je vous vis avec Elvire et votre époux. Vous étiez assise devant la porte de votre maison, et vous preniez du chocolat. Votre sœur me reconnut, mais je ne me trahis point. J'eus cependant la malice, pour accroître votre curiosité, de jouer en rentrant chez moi quelques-uns des airs que j'avais fait entendre pendant la maladie de Lonreto. J'attendais, pour me déclarer, d'être sûr que Rovellas avait été refusé. »

» Ah! monseigneur (dit la tante
» Torres), il est sûr que vous in-
» téressiez Elvire, et il est sûr
» aussi qu'elle avait refusé Rovellas;
» si elle l'a épousé ensuite, c'est
» peut-être parce qu'elle vous a cru
» marié.

» Madame (reprit le vice-roi, ne
» murmurons pas contre la Provi-

» dence, qui avait des desseins sur mon
» indigne personne. En effet, si j'eusse
» obtenu la main d'Elvire, les Asse-
» nipoels, les Apalaches-Chirigoas
» n'eussent pas été convertis à la
» Foi chrétienne ; et la Croix, signe
» sacré de notre rédemption, n'eût
» pas été plantée à trois degrés au
» nord de la mer Vermeille.

» Cela peut être (dit la tante
» Torres), mais ma sœur et mon
» mari vivraient encore ; cependant,
» monseigneur, veuillez bien re-
» prendre la suite de votre histoire. »

— Le vice-roi continua en ces termes :

« Quelques jours après votre arrivée à Villaca, j'appris que ma mère était dangereusement malade. L'amour fit place à la tendresse filiale, et je partis avec ma sœur. La maladie de ma mère dura trois mois; enfin, elle expira dans nos bras; je ne la pleurai pas assez long-temps peut-être, et je repris le chemin de Ségovie, où j'appris qu'Elvire était devenue comtesse de Rovellas. Je sus qu'en même temps le comte avait promis une récompense à celui qui découvrirait son libérateur. Je lui écrivis une lettre anonyme, et je partis pour Madrid, où je sollicitai un emploi en Amérique. Je l'obtins facilement, et je m'embarquai le plus tôt qu'il me fut possible. Mon séjour à Villaca avait été un mystère connu seulement de ma sœur et de moi : je le croyais du moins. Mais nos gens sont des espions nés auxquels rien n'échappe. Un domestique que j'avais renvoyé en partant pour le Nouveau-Monde, entra au service du comte de Rovellas : il donna sa confiance et son cœur à une femme de chambre de la première camériste, et lui raconta toute l'histoire de Villaca et de mon déguisement. La camériste la conta à la duegna-major, qui s'en fit un mérite auprès du comte. Celui-ci, combinant tous ces faits avec la lettre anonyme et mon adresse dans les combats de taureaux, en conclut que j'avais été l'amant heureux de son épouse. J'ai su tout ceci depuis. Mais à mon arrivée en Amérique, je fus bien surpris de recevoir une lettre ainsi conçue :

« Seigneur Don Sanche de Penna
» Sombre,

» Je suis informé du commerce
» que vous avez eu avec l'infâme
» que je ne reconnais plus pour
» comtesse de Rovellas; vous pouvez
» faire chercher, si vous le jugez à
» propos, l'enfant qui naîtra d'elle;
» quant à moi, je vais vous suivre
» de près en Amérique, où j'espère
» vous voir pour la dernière fois de
» ma vie. »

» Cette lettre me mit au désespoir,
et ma douleur fut à son comble
lorsque j'appris la mort d'Elvire,
celle de votre mari et de Rovellas,
que j'eusse voulu convaincre de son

injustice. Je fis cependant ce qui était en mon pouvoir pour repousser la calomnie, et constater l'état de sa fille : je pris donc l'engagement solennel de l'épouser dès qu'elle serait en âge d'être mariée, ou du moins de n'avoir d'autre femme qu'elle. Après avoir rempli ce devoir, je crus qu'il m'était permis de chercher la mort, que ma religion me défendait de me donner à moi-même.

» Un peuple sauvage, allié des Espagnols, avait la guerre avec ses voisins; je me fis recevoir dans la nation. Il fallait, pour être reçu, souffrir que l'on piquât tout mon corps avec une aiguille, pour y imprimer la figure d'un serpent et d'une tortue; la tête du serpent est dessinée sur mon épaule droite : son corps fait seize tours autour du mien, et vient aboutir à mon orteil gauche. Pendant l'opération, le sauvage qui la fait, pique à dessein, les os des jambes et autres endroits sensibles, et il est défendu au récipiendaire de donner aucune marque de douleur. Je soutins cette épreuve; je m'armai du casse-tête et du martyre ; je volai au combat. Nous en rapportâmes cent trente chevelures, et je fus élu cacique sur le champ de bataille. Au bout de deux ans, les nations du nouveau Mexique furent soumises à la couronne d'Espagne, et converties à la Foi chrétienne. Vous devez savoir à peu près le reste de mon histoire : je suis parvenu à la plus grande dignité dont un sujet du roi des Espagnes puisse être revêtu. Mais, charmante Elvire, je dois vous apprendre que vous ne serez jamais vice-reine. La politique du conseil de Madrid ne permet point que des hommes mariés soient, dans le Nouveau-Monde, revêtus d'un aussi grand pouvoir. Du moment que vous daignerez m'épouser je ne serai plus vice-roi : je ne puis mettre à vos pieds qu'une grande fortune, le titre de grand, et un cœur tendre et fidèle ».

Fin de l'histoire du comte de Penna-Velez.

En finissant ce discours, le vice-roi mit un genou en terre, et baisa ma main. Mais ces respects ne me rassuraient point du tout : j'avais toujours eu peur de lui. Le serpent brodé à l'aiguille sur son corps, les Indiens auxquels il avait cassé la tête, et l'idée du fouet chez les Théatins, tout accroissait ma frayeur, et j'étais prêt à perdre connaissance.

Madame de Torres prit courage, et dit au vice-roi : « Monseigneur,
» vous faites mourir de peur cette
» jeune personne ; daignez vous re-
» lever, et nous dire ce qu'est de-
» venue la fortune du feu comte de
» Rovellas.

» Madame (dit le comte en se
» relevant), Rovellas avait fort en-
» tamé sa fortune par ses prodi-
» galités. J'ai supporté tous les frais

» de la procédure ; néanmoins, je
» n'ai pu tirer de son bien que
» seize plantations à la Havane,
» vingt-deux actions dans la Com-
» pagnie des Pilippines, cinquante-
» six dans l'Assiento, et d'autres
» menus effets, dont la valeur ne
» se monte qu'à vingt-sept millions
» de piastres fortes plus ou moins ».
— Ensuite, il fit venir son secrétaire
et se fit apporter une cassette d'un
bois précieux des Indes. Le vice-roi
aimait à se mettre à genoux. Lorsqu'on eut apporté la cassette, il reprit encore son attitude favorite, et
me dit : « Fille charmante d'une
» mère que mon cœur n'a point
» cessé d'adorer, daignez recevoir le
» fruit de treize années de soins;

» car il m'a fallu tout ce temps
» pour arracher votre bien à vos
» collatéraux ». — Je ne savais si
je devais accepter la cassette; mais,
madame de Torres la saisit avec un
mouvement où il paraissait un peu
d'avidité, et dit au vice-roi : « Mon-
» seigneur, cette jeune personne n'a
» jamais vu d'homme à ses ge-
» noux, permettez-lui de se retirer
» dans son appartement ». — Le
vice-roi baisa ma main, et ensuite
me présenta la sienne pour me conduire à la chambre que j'occupais.
Lorsque nous y fûmes, nous fer-
mâmes la porte à double tour, et
la tante Torres s'abandonna à la joie
la plus vive, baisant cent fois la
cassette, et remerciant le ciel du

sort brillant qu'il destinait à Elvire.

Un instant après, l'on frappa à la porte; nous ouvrîmes, et nous vîmes entrer le secrétaire du comte avec un homme de loi, qui inventoria les papiers contenus dans la cassette, et en demanda une décharge. Il se contenta de la signature de madame de Torres. La mienne, à cause de ma minorité, lui parut superflue.

Ensuite nous nous enfermâmes encore, les deux tantes et moi. « Mesdames (leur dis-je), voici
» donc le sort de mademoiselle de
» Rovellas assuré; mais la fausse
» Rovellas, comment la ferons-nous
» entrer aux Théatins, et la véri-
» table, où la trouverons-nous ainsi

» que Lonreto? » — A peine eus-je proféré ces mots, que les tantes se mirent à gémir; la mienne, s'imaginant déjà me voir entre les mains des fustigateurs, et madame de Torres, craignant pour sa nièce et son fils tant de dangers de toutes espèces, auxquels étaient exposés de malheureux enfans, sans guide et sans appui. Chacun s'alla coucher fort tristement : je rêvai long-temps aux moyens de nous tirer d'affaires, mais je m'endormis sans avoir rien trouvé, et nous n'étions plus qu'à une demi-journée de Burgos. Le rôle que j'allais y jouer m'embarrassait beaucoup : il fallut néanmoins remonter dans ma litière, et le vice-roi se remit à caracoler près de moi, entremêlant la sévérité habituelle de ses traits de je ne sais quels airs tendres, qui me mettaient fort mal à mon aise. — Nous arrivâmes ainsi à un abreuvoir fort ombragé, où nous trouvâmes une collation, que nous avaient fait préparer les bourgeois de Burgos.

Le vice-roi me donna la main pour descendre de litière, mais au lieu de me conduire à la collation, il me mena un peu plus loin, me fit asseoir à l'ombre, s'assit auprès de moi, et me dit : « Charmante
» personne, plus j'ai le bonheur de
» vous approcher, et plus je me per-
» suade que le ciel vous a destinée
» à embellir le déclin d'une vie
» orageuse, consacrée au bien de

» mon pays, et à la gloire de mon
» roi.

» J'ai assuré à l'Espagne l'Archi-
» pel des Philippines, j'ai découvert
» la moitié du Nouveau-Mexique,
» j'ai fait rentrer dans le devoir la
» race turbulente des Incas. J'ai eu
» sans cesse à disputer mon existence
» aux vagues de l'Océan, aux intem-
» péries de la ligne, aux funestes
» exhalaisons des mines que je fesais
» ouvrir : qui me paiera des années
» les plus belles de ma vie ? Je
» pouvais les consacrer aux plaisirs,
» à l'amitié, ou même à des senti-
» mens encore plus doux. Ah! sans
» doute, le roi des Espagnes et des
» Indes, quelque puissant qu'il soit,
» ne l'est point assez pour me ré-

» compenser ! Mais vous, charmante
» Elvire, cette récompense est en
» votre pouvoir ; votre destinée, unie
» à la mienne, ne me laissera rien
» à désirer; passant mes jours sans
» autre affaire que celle d'épier les
» mouvemens de votre belle âme,
» je serai heureux par un de vos
» sourires, et transporté de plaisir
» à la moindre marque d'affection
» qu'il vous plaira de me donner.
» L'image de cet avenir paisible,
» succédant aux agitations de ma
» vie passée, me ravit au point, que
» j'ai pris cette nuit la résolution de
» hâter l'instant où vous serez à moi.
» Je vous quitte donc, belle Elvire,
» mais c'est pour me rendre à
» Burgos, où vous verrez les effets

» de mon empressement. » — Après avoir ainsi parlé, le vice-roi mit un genou en terre, me baisa la main, remonta à cheval et partit au galop. Je n'ai pas besoin de vous dire quelles étaient mes angoisses : je m'attendais aux scènes les plus désagréables; et cette perspective était toujours terminée par la fustigation que je ne manquerais pas de recevoir à la porte des Théatins. — J'allai rejoindre les deux tantes que je trouvai occupées à déjeuner. Je voulus leur faire part de la nouvelle déclaration du vice-roi, mais il n'y eut pas moyen : l'infatigable majordome me pressa de remonter en litière; il fallut obéir.

Arrivés aux portes de Burgos,

nous y trouvâmes un page de mon futur époux. Il nous avertit que nous étions attendus au palais épiscopal. Une sueur froide, que je sentis couler de mon front, m'avertit que j'existais encore; car, d'ailleurs, la peur m'avait plongé dans une sorte d'anéantissement, dont je ne sortis que lorsque je me trouvai devant l'archevêque. Ce prélat était dans un fauteuil, vis-à-vis du vice-roi; son clergé était au-dessous de lui, et les principaux habitans de Burgos étaient assis du côté du vice-roi; à l'autre bout de la salle, était un autel orné pour la cérémonie. L'archevêque se leva, me bénit, et me baisa au front.

Surmonté par tous les sentimens

dont mon ame était agitée, je tombai aux pieds de l'archevêque; et, comme inspiré par je ne sais quelle présence d'esprit, je lui dis : « Monseigneur, ayez pitié de moi, je veux être religieuse; oui, je veux être religieuse. » — Après que j'eus fait cette déclaration, dont toute la salle retentit, il me parut convenable de m'évanouir; je me relevai donc pour retomber dans les bras des deux tantes, qui avaient bien de la peine à se soutenir elles-mêmes. — J'avais les yeux entr'ouverts, et je vis que l'archevêque se tenait respectueusement devant le vice-roi, et semblait attendre qu'il prît quelque résolution.

Le vice-roi pria l'archevêque de

reprendre sa place, et de lui laisser le temps de la réflexion. L'archevêque s'assit, et me laissa voir la physionomie de mon auguste adorateur, qui, plus sévère encore que de coutume, avait une expression à faire trembler les plus hardis. Il parut quelque temps absorbé dans ses réflexions. Puis, mettant fièrement son chapeau, il dit : « Mon » incognito est fini ; l'archevêque » peut rester assis. » — Tout le reste de l'assemblée se leva avec respect.

« Messieurs (dit alors le vice-roi), » il y a aujourd'hui quatorze ans, » que d'infâmes calomniateurs m'ont » accusé d'être le père de cette » jeune personne. Je ne trouvai

» d'autre moyen de leur fermer la
» bouche, que de jurer solennelle-
» ment de l'épouser dès qu'elle au-
» rait l'âge requis.

» Tandis qu'elle croissait en grâces
» et en vertus, le roi, agréant mes
» services, me faisait monter de
» grade en grade, et m'a enfin re-
» vêtu de la dignité éminente qui
» me rapproche du trône. Cepen-
» dant, le temps d'accomplir ma
» promesse étant venu, je deman-
» dai au roi la permission de venir
» en Espagne, et de m'y marier.
» Le conseil de Madrid me répon-
» dit, au nom de sa majesté, que
» je pouvais venir en Espagne,
» mais que je n'aurais les honneurs
» de vice-roi, que du moment où

» je renoncerais au mariage. Il m'é-
» tait en même temps prescrit de
» ne point m'approcher de Madrid
» de plus de vingt lieues. Je com-
» pris facilement que j'avais à re-
» noncer au mariage ou à la faveur
» de mon maître; mais j'avais pro-
» mis, il n'y avait pas à balancer.
» Lorsque j'ai vu la charmante El-
» vire, j'ai cru deviner que le
» ciel voulait me tirer de la voie
» des honneurs, et me faire trouver
» la félicité dans les jouissances pai-
» sibles de la retraite. Mais, puis-
» que le ciel jaloux veut appeler à
» lui une ame dont le monde n'é-
» tait pas digne, je vous la remets,
» monseigneur l'archevêque; faites-
» la conduire au couvent des An-

» nonciades, et qu'elle y commence
» son noviciat. J'ai juré de n'avoir
» jamais d'autre épouse, et je tien-
» drai mes sermens. Je vais écrire
» au roi, et lui demander la per-
» mission de me jeter à ses pieds. »
— Après avoir ainsi parlé, le terrible vice-roi salua tout le monde, remit son chapeau, l'enfonça sur ses yeux de l'air le plus sévère, et reprit le chemin de son carrosse. Il fut reconduit par l'archevêque, le clergé, et les magistrats. Nous restâmes dans la salle avec quelques sacristains qui déshabillaient l'autel. Alors, les deux tantes et moi, nous nous jetâmes dans une chambre voisine ; et je courus à la fenêtre pour voir s'il n'y avait pas

moyen d'échapper et d'esquiver le couvent.

La fenêtre donnait sur une cour intérieure, ornée d'une fontaine. J'y vis deux garçons déguenillés, qui semblaient pressés de se désaltérer. Je reconnus les habits que j'avais échangés avec Elvire ; je la reconnus elle-même. L'autre garçon déguenillé était Lonreto. Je poussai un cri de joie. Il y avait quatre portes dans la chambre où nous étions. La première, que j'ouvris, donnait sur un petit escalier, et conduisait à la cour intérieure où étaient mes polissons. Je courus les chercher ; et la bonne Torres pensa mourir de joie en embrassant son fils et sa nièce.

En ce moment nous entendîmes l'archevêque, qui, ayant reconduit le vice-roi, venait me chercher pour me conduire au couvent des Annonciades. Je n'eus que le temps de me jeter sur la porte, et de la fermer. Ma tante cria que la jeune personne avait eu un second évanouissement, et qu'elle n'était pas en état de voir du monde. Nous nous hâtâmes de changer encore une fois d'habits. On banda la tête d'Elvire, comme si elle se fût blessée en tombant, et l'on eut soin de lui cacher une partie du visage, afin que l'on s'aperçût plus difficilement de l'échange.

Lorsque tout fut prêt, je m'échappai avec Lonreto, et l'on ouvrit la porte. L'archevêque n'y était plus; mais il avait laissé son grand-vicaire, qui conduisit au couvent, Elvire et madame de Torres. Ma tante Dalanosa se rendit à l'auberge de las Rozas, où elle m'avait donné rendez-vous. Nous prîmes un appartement, et, pendant huit jours, nous ne songeâmes qu'à nous réjouir. Lonreto, qui n'était plus muletier, demeurait avec nous, et il était connu pour le fils de madame de Torres.

Ma tante fit plusieurs visites au couvent des Annonciades. Il y fut convenu qu'Elvire témoignerait d'abord un grand désir d'entrer en religion; que la ferveur de sa vocation irait toujours en diminuant;

qu'enfin on la ferait sortir, et qu'on chercherait à avoir les dispenses de Rome pour lui faire épouser son cousin germain.

Bientôt nous apprîmes que le vice-roi avait été à Madrid, où le roi l'avait [...] bien reçu. Il obtint même l'agrément de sa majesté pour faire passer ses biens et ses titres à son neveu, fils de cette sœur qu'il avait menée à Villaca; et, peu de temps après, il s'embarqua pour le Mexique. Quant à moi, les agitations d'un voyage aussi singulier que le nôtre, avaient fort ajouté à ce que mon humeur avait déjà de léger et de vagabond, et je ne songeai qu'avec répugnance à l'instant où il faudrait se cloîtrer chez les Théatins; mais mon grand oncle l'avait résolu, et il fallut s'y déterminer après tous les délais que je pus imaginer.

FIN DU PREMIER VOLUME.

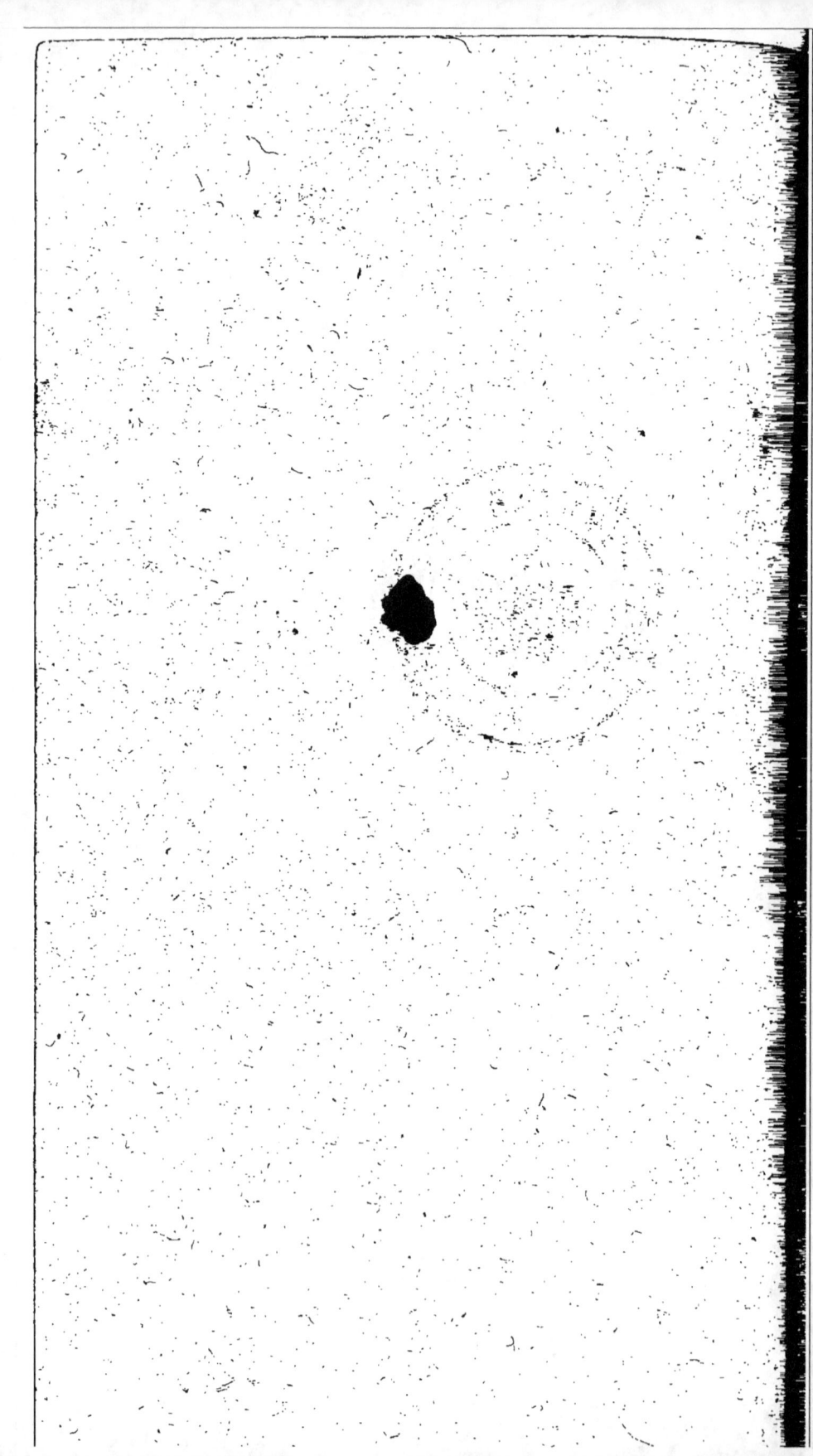

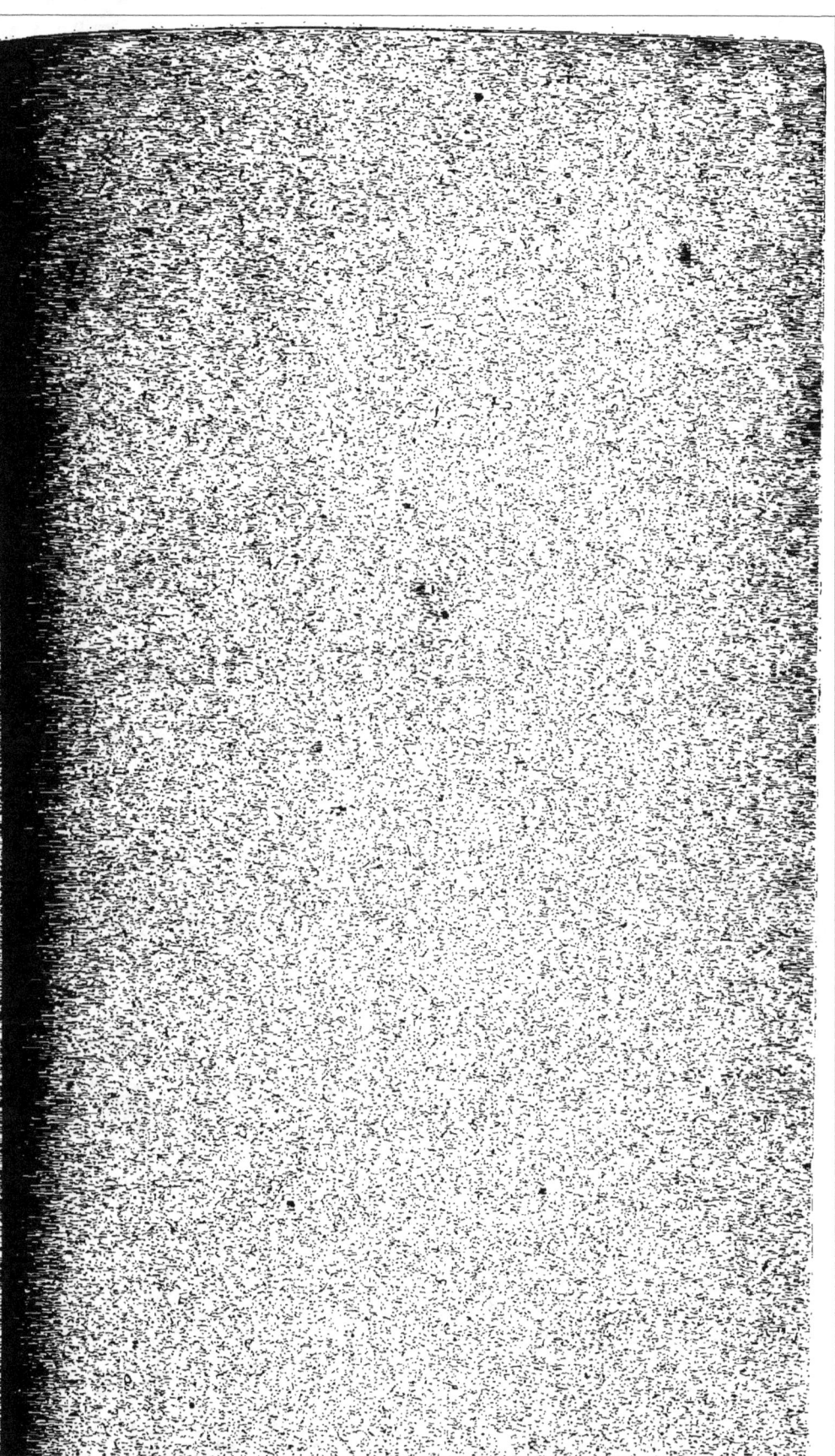

AVADORO,

HISTOIRE ESPAGNOLE.

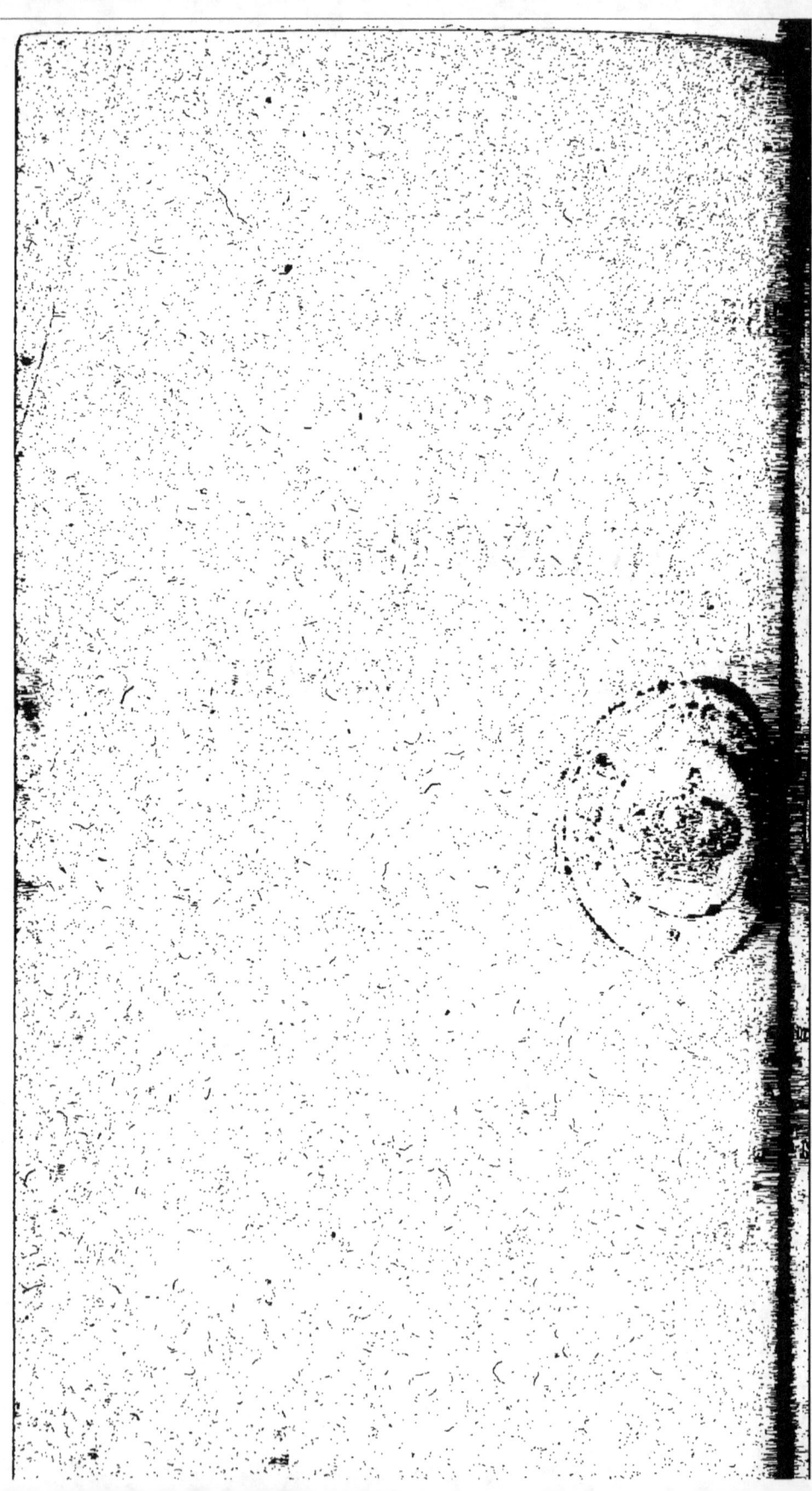

AVADORO,

HISTOIRE ESPAGNOLE,

Par M. L. C. J. P.

TOME SECOND.

DE L'IMPRIMERIE DE J.-P. JACOB, A VERSAILLES.

PARIS,
GIDE FILS, LIBRAIRE, RUE COLBERT, N.º 2,
PRÈS LA RUE VIVIENNE.
H. NICOLLE, RUE DE SEINE, N.º 12.
1813.

HISTOIRE D'AVADORO.

La vie de collége répondit très-bien aux craintes que j'en avais eu; la dépendance continuelle où nous tenaient nos recteurs, me parut insupportable. Je m'étais fait une douce habitude des caresses de ma tante, et de sa tendre indulgence; j'étais aussi très-flatté de ce que, cent fois par jour, elle remarquait que j'avais un excellent cœur. Ici le bon cœur ne servait de rien; il fallait prêter une attention continuelle, ou sentir la férule. L'un et l'autre m'étaient presque également odieux. Il en résulta, de ma part, une aversion complète pour tout ce qui portait la robe noire, et je la manifestais en leur jouant tous les tours imaginables. Parmi les Théatins qui nous traitaient avec le plus de rigueur, nul ne nous avait donné des preuves d'une sévérité plus inflexible, que le père Sanudo, recteur de première. Tant de dureté n'était cependant pas dans son cœur. Ce religieux était, au contraire, né trop sensible; ses penchans secrets avaient été toujours en opposition avec ses devoirs. Sanudo était arrivé à trente ans, sans jamais cesser de combattre et de vaincre.

Sans pitié pour lui-même, Sanudo était devenu inexorable pour les autres;

les sacrifices continuels qu'il faisait aux mœurs étaient d'autant plus méritoires, que jamais on n'avait vu plus qu'en lui le vœu de la nature opposé à ceux de la religion; car il était le plus bel homme qu'on puisse imaginer, et peu de femmes avaient pu le rencontrer sans lui témoigner quelque sorte d'admiration; mais Sanudo baissait les yeux, fronçait le sourcil et passait sans paraître s'en apercevoir. Tel était, ou plutôt tel avait long-temps été le père Sanudo. Mais tant de victoires avaient fatigué son âme; elle n'avait plus la même énergie. Forcé de craindre les femmes, il avait fini par y penser sans cesse; et l'ennemi qu'il avait si long-temps combattu était toujours présent à son imagination. Enfin, une maladie violente, suivie d'une convalescence pénible, avait laissé après elle une sensibilité trop grande, qui se manifestait par une impatience continuelle. Nos moindres fautes l'irritaient. Nos excuses pouvaient lui arracher des larmes. Il était devenu rêveur, et dans ses distractions, ses yeux, se fixant sur quelqu'objet que ce fût, prenaient cependant l'expression de la tendresse, ou si quelqu'un l'interrompait au milieu d'une de ces extases, son regard exprimait la douleur et non pas la sévérité. Nous avions trop l'habitude d'épier notre Mentor, pour qu'un si grand changement pût nous échapper. Mais nous n'en démêlions pas encore la cause, lorsque nous eûmes lieu de faire une observation qui nous mit sur les voies. Cependant, pour me bien faire comprendre, je dois reprendre la chose d'un peu plus haut. Les deux plus illustres maisons de Burgos étaient les comtes de Lirias et les marquis de Fuen-Castilla. Les premiers étaient même de ceux qu'en Espagne on appelle *Agraviados*, ce qui exprime le tort qu'on leur a fait de ne pas les nommer grands. Aussi les autres grands les tutayent comme ils se tutayent entr'eux; ce qui est une manière de les agréger à leur corps.

Le chef de la maison de Lirias était un vieillard de soixante-dix ans, du caractère le plus noble et le plus aimable; il avait eu deux fils qui étaient morts, et tous ses biens tombaient en partage à la jeune comtesse de Lirias, fille unique de son fils aîné.

Le vieux comte, privé d'héritiers de son nom, avait promis la main de sa petite-fille à l'héritier des Fuen-Castilla, qui, à cette occasion, devait prendre le titre de Fuen de Lirias y Castilla. Cette union, si bien assortie d'ailleurs, l'était aussi pour l'âge, la figure et le caractère des deux époux; aussi s'aimaient-ils avec une extrême passion; et le vieux Lirias se plaisait au spectacle de leurs innocentes amours, qui ramenaient ses souvenirs aux plus douces époques de sa vie.

La future comtesse de Fuen de Lirias demeurait au couvent des Annonciades. Mais tous les jours elle allait dîner chez son grand-père, pour y rester jusqu'au soir dans la société de son futur époux. Alors elle était accompagnée d'une duegna-major, appelée dona Clara Mendoce, femme d'environ trente ans, très-honnête, mais point morose; car le vieux comte n'aimait point les gens de cette humeur.

Tous les jours, la jeune Lirias et sa duègne passaient devant notre collége, parce que c'était le chemin pour aller chez le vieux comte; et comme c'était aussi l'heure de notre récréation, nous nous trouvions souvent aux fenêtres, ou bien nous y courions dès que nous entendions le bruit de la voiture.

Les premiers venus à la fenêtre avaient souvent entendus que la Mendoce disait à sa jeune élève « Voyons » le beau Théatin. » — C'était le nom que le public féminin donnait au père Sanudo. La duègne, en effet, n'avait des yeux que pour lui. Quant à la jeune personne, elle promenait ses regards sur nous tous, notre âge lui rappelant celui de son amant, ou bien elle cherchait à reconnaître deux cousins qu'elle avait au collége.

Pour ce qui est de Sanudo, il courait comme les autres à la fenêtre, mais dès que les femmes paraissaient l'apercevoir, il prenait son air sombre et se reculait avec dédain. Nous fûmes

frappés de cette contradiction. « Car
» enfin (disions-nous), s'il a horreur
» des femmes, pourquoi vient-il à
» la fenêtre? Et s'il est curieux d'en
» voir, il a tort de détourner les
» yeux. » — Un jeune étudiant,
appelé Veyras, me dit à ce sujet
que Sanudo n'était plus l'ennemi des
femmes comme par le passé, et qu'il
tenterait un moyen de s'en assurer.
Ce Veyras était le meilleur ami que
j'eusse au collége, c'est-à-dire, qu'il
m'aidait dans tous mes tours, dont
souvent il était l'inventeur.

Il avait paru, à cette époque, un
nouveau roman dont le titre était
l'*Amoureux Léonce*. L'auteur de cet
ouvrage avait peint l'amour avec des
couleurs qui en rendaient la lecture

très-dangereuse; et nos instituteurs l'avaient sévèrement prohibé. Veyras trouva le moyen de se procurer un exemplaire du Léonce, et le mit dans sa poche, en ayant soin d'en laisser sortir une partie. Sanudo l'aperçut et le confisqua. Il menaça Veyras du plus rigoureux traitement, si jamais il retombait en pareille faute; puis il prétexta je ne sais quelle maladie, et ne parut point à la leçon du soir. Nous, de notre côté, nous prétextâmes une grande sollicitude pour la santé de notre maître. Nous entrâmes à l'improviste dans sa chambre; nous l'y trouvâmes occupé du dangereux Léonce, et les yeux baignés de pleurs, ce qui prouvait combien cette lecture avait eu de charmes pour lui. Sanudo parut embarrassé; nous ne fîmes point semblant de nous en apercevoir; et bientôt nous eûmes une nouvelle preuve du grand changement qui s'était fait dans le cœur de l'infortuné religieux.

Les femmes, en Espagne, remplissent souvent les devoirs de leur religion, et demandent à chaque fois le même confesseur. On appelle cela *Buscar el su padre*. De-là vient que certains railleurs outrés, saisisissant l'équivoque lorsqu'ils voient un enfant à l'église, demandent s'il vient *Buscar el su padre*.

Les dames de Burgos eussent bien voulu se confesser au père Sanudo; mais l'ombrageux recteur avait déclaré qu'il ne se chargeait pas de diriger la conscience des personnes du sexe. Cependant, le lendemain de la fatale lecture, une des plus jolies femmes de la ville demanda le père Sanudo, et sur-le-champ il se rendit à son confessionnal. On lui fit à ce sujet quelques complimens équivoques. Il répondit avec beaucoup de sérieux qu'il n'avait plus à craindre un ennemi qu'il avait tant combattu. Les pères le crurent peut-être; mais nous autres écoliers, nous savions à quoi nous en tenir.

Sanudo parut s'intéresser tous les jours davantage aux secrets que le beau sexe venait déposer au tribunal de la pénitence. Il fut exact au confessionnal; expédiait promptement les

dames âgées, retenaient plus long-
temps les jeunes, et toujours il courait à la fenêtre pour voir passer la
belle Lirias et l'aimable Mendoce;
puis, lorsque le carosse avait passé,
il détournait les yeux avec dédain.

Un jour que nous avions pris nos
leçons avec beaucoup de négligence,
et que nous avions éprouvé la sévérité de Sanudo, Veyras me prit
à part d'un air mystérieux, et me
dit : « Il est temps de nous venger
» du maudit pédant qui marque nos
» plus beaux jours par des péni-
» tences, et semble se complaire à
» nous infliger des punitions. J'ima-
» gine un tour excellent; mais il nous
» faudrait trouver une jeune fille
» dont la taille rappelât celle de la

» Lirias. La Hoanita, fille du jardi-
» nier, nous sert bien dans tous nos
» tours, mais elle n'a pas assez d'es-
» prit pour celui-ci.

» Mon cher Veyras (lui répon-
» dis-je), lors même que nous au-
» rions une personne qui, pour la
» taille, ressemblât à la jeune Lirias,
» je ne vois pas comment nous lui
» donnerions son charmant visage.

» Je n'ai point d'inquiétude à cet
» égard (reprit Veyras); nos femmes
» viennent d'adopter pour le carême
» des voiles qu'elles appellent cata-
» falcos. Ce sont comme des falbalas
» de crêpe qui tombent les uns sur
» les autres, et les déguisent si bien,
» qu'au bal même elles ne pourraient
» être mieux masquées. La Hoanita

» sera toujours bonne, sinon pour
» représenter, au moins pour habiller
» la fausse Lirias et sa duègne. » —
Veyrás n'en dit pas davantage ce
jour-là ; mais un beau dimanche,
comme le père Sanudo siégeait au confessionnal, il vit entrer deux femmes
couvertes de mantes et de crêpes.
L'une s'assit à terre sur une natte,
comme font les femmes dans les églises
d'Espagne ; l'autre prit auprès de lui
sa place de pénitente. Celle-ci, qui
paraissait très-jeune, ne faisait que
fondre en larmes et s'étouffer de sanglots. Sanudo fit ce qu'il put pour
la calmer ; mais elle répétait toujours :
« Mon père je suis en péché mortel. »
— Enfin Sanudo lui dit qu'elle n'était
point en état de lui ouvrir son âme,

et qu'elle eût à revenir le lendemain. La jeune pécheresse s'éloigna, se prosterna devant les autels, pria long-temps avec beaucoup de ferveur, et sortit de l'église avec sa compagne.

Les deux pénitentes revinrent le lendemain à la même heure, et Sanudo les attendait depuis long-temps. La plus jeune reprit sa place au confessional : elle paraissait un peu plus maîtresse d'elle-même. Cependant, il y eut encore bien des pleurs et des sanglots; enfin, d'une voix argentine, elle fit entendre ces mots:
« Mon père, il n'y a pas long-temps
» encore, que mon cœur, d'accord
» avec mes devoirs, semblait pour
» jamais affermi dans le sentier de
» la vertu. On me destinait un époux

» aimable et jeune, et je croyais
» l'aimer. » — Ici les sanglots recommencèrent; mais Sanudo, par des discours pleins d'une sainte onction, rassura la jeune personne, qui poursuivit en ces termes : « Une duègne
» imprudente, m'a rendue trop at-
» tentive au mérite d'un homme à
» qui je ne puis appartenir, auquel
» je ne dois même jamais songer.
» Cependant, je ne puis vaincre
» cette passion sacrilège. »

Ce mot de sacrilège semblait avertir Sanudo, qu'il s'agissait d'un prêtre, et peut-être de lui-même. « Mademoiselle (dit-il d'une voix
» tremblante), vous devez toutes vos
» affections à l'époux dont vos pa-
» rens ont fait choix.

Tome II. 2

» Ah! mon père (reprit la jeune
» personne), que ne ressemble-t-il
» à l'homme que j'aime, que n'a-
» t-il son regard tendre et sévère,
» ses traits si nobles et si beaux!...
» Mademoiselle (dit Sanudo), ce
» n'est point ainsi que l'on se confesse.
» Ce n'est pas une confession
» (dit la jeune personne), c'est un
» aveu. » — Et comme honteuse,
elle se leva, fut joindre sa compagne, et toutes les deux sortirent de l'église. Sanudo les suivit des yeux; le reste du jour il parut préoccupé. Le lendemain, il resta presque tout le jour au confessional; mais personne ne parut, non plus que le surlendemain.

Le troisième jour, la jeune personne revint avec la duègne, se mit au confessional, et dit à Sanudo : « Mon » père, je crois avoir eu cette nuit » une révolution ; je me sentais sur- » montée par la honte et le déses- » poir : mon mauvais ange m'inspira » de passer une de mes jarretières » autour de mon cou ; je ne res- » pirais plus. Tout à coup, j'ai cru » qu'on arrêtait ma main ; mes yeux » furent frappés d'une vive lumière, » et je vis sainte Thérèse, ma pa- » trone, debout devant mon lit. » Elle me dit : *Ma fille, confessez- » vous demain au père Sanudo, et » priez-le de vous donner une bou- » cle de ses cheveux, vous la por- » terez sur votre cœur, et la grâce » y rentrera.*

» Retirez-vous, mademoiselle (dit
» Sanudo), allez aux pieds des au-
» tels pleurer votre égarement. De
» mon côté, je vais implorer pour
» vous les miséricordes divines. » —
Sanudo se leva, quitta le confessionnal, et se retira dans une chapelle. Il y resta jusqu'au soir, priant
avec une extrême ferveur.

Le lendemain, la duègne vint
seule ; elle se mit au confessional et
dit : « O mon père ! je suis ici
» pour implorer votre indulgence en
» faveur d'une jeune pécheresse,
» dont l'âme est en danger de per-
» dition. Vous l'avez traitée hier
» avec une rigueur qui la met au
» désespoir. Vous avez, dit-elle,
» refusé de lui donner une sainte

» relique, dont vous êtes en pos-
» session. Son esprit s'égare : elle
» cherche les moyens de se détruire;
» montez chez vous, mon père ;
» apportez la relique qu'elle vous a
» demandée; ne me refusez pas cette
» grâce. » — Sanudo cacha son visage dans son mouchoir, sortit de
l'église, et revint bientôt après. Il
tenait à la main un petit reliquaire,
et le présentant à la duègne, il lui
dit : « Madame, ce que je vous
» donne est une parcelle du crâne de
» notre saint fondateur. Une bulle du
» pape attache à cette relique nombre
» d'indulgences; nous n'en avons pas
» ici de plus précieuse. Que votre
» élève porte ces restes sacrés sur
» son cœur, et que le ciel lui soit en

« aide. » — Lorsque la relique fut entre nos mains, nous en défîmes la monture, espérant y trouver quelque mèche de cheveux; mais nous n'y trouvâmes rien. Sanudo n'était que tendre et crédule, peut-être un peu vain, mais vertueux et fidèle à ses principes.

Veyras, après la leçon du soir, lui dit : « Mon père, pourquoi n'est-
» il pas permis aux prêtres de se
» marier ?

» Pour leur malheur dans ce
» monde, et peut-être leur damnation
» dans l'autre (répondit Sanudo). »
Puis prenant l'air plus austère, il ajouta : « Veyras, ne me faites jamais
» de questions pareilles. »

Le lendemain, Sanudo ne parut point au confessionnal; la duègne le demanda, mais un autre religieux vint à sa place. — Nous étions prêts à désespérer du succès de nos détestables malices, lorsque le hasard nous servit au-delà de nos espérances.

La jeune comtesse de Lirias, au moment d'être unie au comte de Fuen-Castilla, tomba dangereusement malade. Elle eut une fièvre chaude, accompagnée d'un transport au cerveau, ou plutôt d'une sorte de délire. Tout Burgos s'intéressait à ces deux maisons illustres, et la maladie de mademoiselle de Lirias, répandit dans la ville une véritable consternation. Les pères Théatins ne furent pas des derniers à en être informés, et Sanudo reçut, dans la soirée, une lettre ainsi conçue :

« Mon père,

» Sainte Thérèse est irritée; elle
» dit que vous m'avez trompée : elle
» fait aussi des reproches à la Men-
» doce. Pourquoi m'avoir fait passer
» tous les jours devant les Théa-
» tins. Elle m'aime, sainte Thé-
» rèse, ce n'est pas comme vous.....
» J'ai fort mal à la tête...... Je me
» meurs. »

Cette lettre était écrite d'une main
tremblante et presque illisible. Et
plus bas, l'on avait ajouté d'une
autre main.

« Mon père, elle écrit vingt de
» ces billets en un jour. Maintenant

» elle n'est plus en état d'écrire.
» Priez pour nous, mon père; voilà
« tout ce que je puis vous dire pour
» le moment. »

La tête du pauvre Sanudo n'y tint plus; son trouble fut excessif. Il allait, venait, sortait, questionnait; et ce que nous y trouvions de plus agréable, c'est qu'il ne donnait plus de leçons, ou, du moins, elles étaient si courtes, que nous les pouvions supporter sans ennui. Enfin une crise heureuse, et je ne sais quel sudorifique, sauvèrent les jours de l'aimable Lirias. La convalescence fut déclarée; et Sanudo reçut une lettre conçue en ces termes :

« Mon père.,

» Enfin le danger est passé; mais
» la raison n'est point encore reve-
» nue. La jeune personne est, à
« tout moment, sur le point de
» m'échapper. Voyez, mon père,
» s'il ne vous serait pas possible de
» nous recevoir dans votre cellule.
» La clôture n'a lieu, chez vous,
» qu'à onze heures, et nous pou-
» vons venir à la nuit tombante.
» Peut-être vos exhortations auront-
» elles plus d'effet que vos reliques.
» Si cela dure, il est probable que
» je deviendrai folle aussi. Mon
» père, au nom du ciel, sauvez
» l'honneur de deux maisons il-
» lustres. »

Cette lettre affecta tellement Sanudo, qu'il eut de la peine à retrouver le chemin de sa cellule. Il alla s'y renfermer, et nous nous tînmes sur la porte pour entendre ce qui s'y passait. D'abord nous l'entendîmes sangloter et pleurer; ensuite, prier avec beaucoup de ferveur. Puis il fit venir le portier de la maison, et lui dit : « Mon » frère, si deux femmes viennent » me demander, vous ne les lais- » serez entrer sous aucun pré- » texte. »

Sanudo ne vint point souper; il passa la soirée en prière; et, vers les onze heures, il entendit frapper à sa porte. Il ouvrit. Une jeune personne se précipita dans sa chambre, et renversa sa lampe, qui s'éteignit aussitôt. En ce moment on entendit la voix du père préfet, appelant Sanudo. Celui-ci n'eut que le temps de fermer sa porte à double tour, et de descendre auprès de son supérieur. Ce serait faire tort à la pénétration du lecteur, que d'imaginer qu'il n'a pas déjà deviné que la fausse Mendoce n'était autre que Veyras, et que la belle Lirias était la même personne que le vice-roi du Mexique voulait épouser; c'est-à-dire, moi-même. Je me voyais donc renfermé dans la cellule de Sanudo, sans lumière, et ne sachant trop quel dénouement je donnerais à ma pièce, qui n'avait pas tout à fait tourné comme nous le voulions.

Car nous avions trouvé Sanudo crédule ; mais jamais faible ou hypocrite. Ce que nous eussions fait de mieux, sans doute, eût été de ne donner à notre pièce aucun dénouement. Le mariage de mademoiselle de Lirias, qui eut lieu quelques jours après, et le bonheur des deux époux, eussent été, pour Sanudo, des enigmes inexplicables qui l'eussent tourmenté toute sa vie ; mais nous voulions jouir de la confusion de notre mentor, et j'étais seulement en peine de savoir s'il valait mieux terminer ce dernier acte par de grands éclats de rire, ou par quelques piquantes ironies ; j'étais encore occupé de ce malicieux projet, lorsque j'entendis ouvrir la porte.

Sanudo parut, et sa vue m'en imposa plus que je ne m'y étais attendu. Il était en étole et en surplis, tenant un bougeoir d'une main, et un crucifix d'ébène de l'autre. Il posa son bougeoir sur la table, prit son crucifix dans ses deux mains, et me dit : « Mademoiselle, vous
» me voyez revêtu d'ornemens sa-
» crés, qui vous doivent rappeler
» le caractère religieux imprimé sur
» toute ma personne. Prêtre d'un
» Dieu sauveur, je ne puis mieux
» remplir mon saint ministère qu'en
» vous arrêtant sur le bord d'un
» abîme. — Le démon du mal a
» troublé votre raison, pour vous
» entraîner à des penchans vicieux.
» — Détournez-en vos pas, Madé-

» moiselle; rentrez dans le sentier
» de la vertu. Pour vous, il ne
» fut semé que de fleurs. Un jeune
» époux vous tend la main. Il
» vous est présenté par ce vieillard
» vertueux, dont le sang coule
» dans vos veines. Votre père fut
» son fils; ce père vous a précédé
» tous les deux dans le séjour des
» ames pures, et vous en montre
» les chemins. — Elevez vos yeux
» vers les lumières célestes. Re-
» doutez l'esprit de mensonge, qui,
» fascinant vos regards, les égara
» parmi les serviteurs de ce Dieu,
» dont il est l'éternel ennemi...... »
Sanudo dit encore plusieurs belles
choses faites pour opérer ma conversion, si j'eusse été mademoiselle

de Lirias, amoureuse de son confesseur. Mais je n'étais qu'un polisson affublé d'une jupe et d'une mante, et fort en peine de savoir comment tout ceci finirait.

Sanudo reprit haleine, et puis il me dit : « Venez, Mademoiselle, » tout est préparé pour vous mé- » nager un moyen de sortir du » cloître. Je vais vous conduire » chez la femme du jardinier, et » l'on avertira la Mendoce de venir » vous y prendre. » — En même temps Sanudo m'ouvrit la porte; aussitôt je m'élançai pour sortir, et m'enfuir à toutes jambes. Et c'est là certainement ce que j'aurais dû faire; mais, dans cet instant même, je ne sais quel mauvais génie m'inspira l'idée d'ôter mon voile, et de me jeter au cou du recteur, en lui disant : « Cruel, voulez-vous faire » mourir l'amoureuse Lirias. »

Sanudo me reconnut; et, d'abord, sa consternation fut extrême. Ensuite il versa des larmes ; et, donnant des marques de la plus extrême douleur, il répétait : « Mon Dieu! » ô! mon Dieu! prenez pitié de » moi, éclaircissez mes doutes; ô! » mon Dieu! que dois-je faire? » — Le pauvre recteur me fit compassion. J'embrassai ses genoux; et, le priant de me pardonner, je lui jurai que Veyras et moi nous lui garderions le secret.

Sanudo me releva, me baigna de ses pleurs, et me dit : « Malheu-

» reux enfant, peux-tu croire que
» la crainte de faire rire à mes dé-
» pens, puisse me mettre en cet
» état ? Infortuné ! c'est sur toi que
» je pleure. Tu n'as pas craint de
» profaner ce que la religion a de
» plus saint : tu t'es joué du tri-
» bunal sacré de la pénitence. Mon
» devoir est de te dénoncer à celui
» de l'inquisition. Les cachots, les
» supplices seront ton partage. » —
Ensuite, m'embrassant avec l'expression d'une douleur profonde, il me
dit : « Non, mon enfant, ne livres
» point ton ame au désespoir. J'ob-
» tiendrai, peut-être, que l'on nous
» abandonne ton châtiment. Il sera
» cruel ; mais il n'aura point d'in-
» fluence sur le reste de ta vie. »

— Après avoir ainsi parlé, Sanudo sortit en fermant la porte à double tour, et me laissa dans une consternation que je vous laisse imaginer ; je n'entreprendrai pas de la décrire. L'idée du crime ne s'était jamais présentée à mon esprit, et nos inventions sacriléges ne nous avaient paru que des malices très-innocentes. Le châtiment dont j'étais menacé me jeta dans un abattement qui m'ôta jusqu'à la faculté de pleurer. Je restai dans cet état, je ne sais combien de temps. Enfin, la porte s'ouvrit. Le père préfet entra, suivi du pénitencier et de deux frères lais, qui me prirent sous les bras, et me conduisirent à travers tous les corridors de la maison, jusqu'en une chambre écartée. Ils m'y poussèrent sans entrer, et j'entendis plusieurs verroux se fermer sur moi.

Je repris haleine, et j'examinai ma prison. La lune donnait en plein à travers les barreaux de ma fenêtre. Je ne vis que des murs charbonnés d'inscriptions, et de la paille dans un coin.

Ma fenêtre donnait sur un cimetière. Trois corps enveloppés dans leurs linceuils, et couchés sur autant de brancards, avaient été déposés sous un portique. Cette vue me causa de la frayeur; je n'osai regarder, ni dans ma chambre, ni dehors.

Bientôt j'entendis du bruit dans

le cimetière, et j'y vis entrer un capucin, avec quatre fossoyeurs. Ils s'avancèrent vers le portique, et le capucin dit : « Voici le corps du » marquis de Valornez ; vous le » mettrez dans la chambre d'imbul- » samation. Quant à ces deux chré- » tiens, vous les jeterez dans la » nouvelle fosse ouverte d'hier. » — Le capucin n'eut pas plutôt achevé sa phrase, que j'entendis un long gémissement ; et trois spectres affreux se firent voir sur le mur du cimetière.

Cette apparition, et le gémissement dont elle fut accompagnée, épouvantèrent les quatre fossoyeurs, et le capucin, leur chef. Ils s'enfuirent en poussant de grands cris. Quant à moi, j'eus peur aussi ; mais l'effet en fut différent, car je restai comme cloué à ma fenêtre, et dans un état voisin de l'anéantissement.

Je vis alors que deux spectres s'élancèrent, de dessus le mur, dans le cimetière, et donnèrent la main au troisième, qui avait de la peine à descendre. Puis d'autres spectres parurent, et sautèrent aussi dans le cimetière, jusqu'au nombre de dix à douze. Alors celui à qui les autres avaient donné la main pour le faire descendre, vint sous le portique examiner les trois morts; puis, se tournant du côté des autres spectres, il leur dit : « Mes amis, » voici le corps du marquis de » Valornez. Vous avez vu le trai-

» tement que m'ont fait éprouver
» les ânes mes confrères; cependant
» ils s'étaient tous trompés en pre-
» nant la maladie du marquis pour
» une hydropisie de poitrine. Moi
» seul, moi le docteur Sangro-
» Moreno, j'ai su toucher au but,
» en y reconnaissant l'*anguina-poly-*
» *posa*, si bien décrite par les maî-
» tres de l'art.

» Cependant, je n'eus pas plus tôt
» nommé l'*anguina-polyposa*, que les
» ânes bâtés mes confrères, ont levé les
» épaules, et m'ont tourné le dos,
» comme si je fusse un membre in-
» digne de leur corps. Ah! sans
» doute, le docteur Sangro-Moreno,
» n'est pas fait pour figurer avec
» eux. Les âniers de la Galice, et

» les muletiers de l'Estramadure, voilà
» les gens qu'il faudrait pour les
» conduire, et leur faire entendre
» raison. Mais le ciel est juste. Nous
» avons eu l'année passée une grande
» mortalité parmi le bétail. Si l'épi-
» zootie se manifeste encore cette
» année-ci, soyez persuadés qu'aucun
» de mes confrères n'y saurait écha-
» per, alors le docteur Sangro-Mo-
» reno restera maître du champ de
» bataille. Et vous, mes chers dis-
» ciples, vous y viendrez arborer
» l'étendard de la médecine chimi-
» que. Vous avez vu, comme j'ai
» sauvé la jeune Lirias, par le
» seul effet d'un heureux mélange
» de phosphore et d'antimoine.
» Les demi-métaux et leurs savantes

» combinaisons, voilà les remèdes
» héroïques, propres à combattre et
» vaincre tous les maux, et non pas
» les racines et les herbes, qui ne
» sont bonnes qu'à être broutées
» par les ânes bâtés, mes honorables
» confrères.

» Mes chers disciples, vous avez
» été témoins des instances que j'ai
» faites à la marquise de Valornez,
» pour qu'il me fût seulement permis
» d'enfoncer la pointe du scapel dans
» la trachée-artère de l'illustre
» marquis. Mais, séduite par mes
» ennemis, la marquise n'y voulut
» jamais consentir. Enfin, je me
» trouve en état de fournir mes preu-
» ves. Ah ! s'il était au nombre des
» choses possibles, que l'illustre mar-

» quis assistât lui-même à l'ouverture
» de son propre corps. Avec quel
» plaisir, je lui montrerais la matière
» hydatique et polypeuse, prenant ses
» racines dans les bronches, et poussant
» des rameaux jusque dans le larynx.
» Mais que dis-je, l'avare Cas-
» tillan, indifférent au progrès des
» sciences, nous refuse des choses
» dont lui-même ne peut faire aucun
» usage. Si le marquis eût été doué
» du moindre goût pour la mé-
» decine, il nous eût abandonné ses
» poumons, son foie et tous ses
» viscères, qui ne peuvent plus lui
» servir. Mais non, il faut qu'au
» péril de notre vie, nous allions
» violer les asyles de la mort, et
» troubler la paix des sépulcres.

» N'importe, mes chers disciples,
» plus nous rencontrerons d'obstacles,
» et plus nous aurons de gloire à
» les surmonter ; courage donc, et
» mettons fin à cette grande entre-
» prise. Lorsque vous aurez sifflé
» trois fois, vos camarades, restés
» de l'autre côté de la muraille,
» passeront les échelles, et tout de
» suite, nous enlèverons l'illustre
» marquis. On doit se féliciter d'être
» mort d'une maladie aussi rare,
» mais plus encore, d'être tombé
» entre les mains de gens habiles
» qui ont reconnu la maladie, et
» l'ont nommée de son vrai nom.
» — Après-demain, nous serons
» dans le cas de venir chercher ici
» un personnage illustre, mort par

» l'effet,-par l'effet...... Mais chut,
» il ne faut pas tout dire ».

Le docteur ayant achevé son discours, l'un des disciples siffla trois fois, et je vis des échelles qu'on passait par dessus le mur. Ensuite, le corps du marquis fut entouré de cordes, et passé de l'autre côté; les spectres le suivirent, et les échelles disparurent. Lorsque je ne vis plus personne, je me mis à rire de bon cœur de la peur que j'avais eue.

Mais ici, je dois vous rendre compte, d'une manière d'ensevelir particulière à quelques couvens de l'Espagne et de la Sicile. On y construit de petits caveaux obscurs, où cependant la circulation de l'air devient très-vive, au moyen de courans ménagés avec art. On dépose dans ces caveaux certains corps que l'on veut conserver ; l'obscurité les préserve des insectes, et l'air les déssèche. Au bout de six mois, l'on ouvre le caveau. Si l'opération a réussi, les moines vont en procession en faire compliment à la famille; puis ils mettent au mort un habit de capucin, et le placent dans un caveau destiné à des corps présumés saints ou du moins parvenus à un certain degré de béatitude. Dans ces couvens, le convoi n'accompagne les corps que jusqu'à la porte du cimetière, où les frères lais viennent les prendre pour en disposer selon les ordres de leurs supérieurs. D'ordinaire, c'était le soir qu'on apportait les corps. Les supérieurs en délibéraient ; et la nuit on les portait à leur destination. Beaucoup de corps n'étaient pas susceptibles d'être conservés.

Les capucins voulaient dessécher le corps du marquis de Varlonez. Ils allaient y procéder lorsque les spectres mirent les fossoyeurs en fuite. Ceux-ci reparurent à la petite pointe du jour, marchant sur la pointe du pied et serrés les uns contre les autres. Leur frayeur fut extrême lorsqu'ils virent que le corps du marquis avait disparu ; ils jugèrent que le diable l'avait emporté. Bientôt après tous les moines arrivèrent armés de goupillons, aspergeant, exorcisant et et braillant à tue-tête. Quant à moi, n'en pouvant plus de sommeil, je me jetai sur la paille et m'endormis aussitôt.

Le lendemain, ma première idée fut celle des châtimens dont j'étais menacé. La seconde, celle des moyens de m'y soustraire. Veyras et moi, nous avions tant pillé de gardes-manger, que les escalades nous étaient devenues familières; nous savions aussi très-bien détacher les bareaux d'une fenêtre, et les replacer sans que l'on s'en aperçût. Je me servis d'un couteau, que j'avais en poche, pour détacher un clou du bois de ma fenêtre. Avec ce clou, j'usai l'enchâssure d'un barreau. J'y travaillai sans relâche jusqu'à midi. — Alors le guichet de ma porte s'ouvrit, et je reconnus le visage d'un frère lai, qui servait dans notre dortoir. Il me passa du pain avec une cruche d'eau, et me demanda s'il pouvait m'être utile à quelque chose. Je le priai d'aller, de ma part, chez le père Sanudo, le conjurer de me faire donner des draps avec une couverture, étant juste que je fusse puni, mais non pas que je fusse malpropre. Ce raisonnement fut pris en bonne part; on m'envoya ce que j'avais demandé; on y joignit quelque viande pour me soutenir. Je m'informai de loin de ce que faisait Veyras. J'appris qu'il n'était pas inquiété; et je vis avec plaisir qu'on ne cherchait pas des coupables. Je demandai quand ma punition commencerait. Le frère lai me répondit qu'il n'en savait rien; mais que d'ordinaire on laissait trois jours de réflexions. Il ne m'en fallait pas davantage, et je fus tout à fait tranquille.

J'employai l'eau qu'on m'avait donnée, pour humecter l'enchâssure de mur que je voulais user; et ce travail allait grand train; le barreau fut entièrement libre dès le matin du second jour. Alors je découpai mes draps et ma couverture, et j'en fis une chaîne qui ne ressemblait pas mal à une échelle de corde. J'attendis la nuit pour effectuer mon évasion. Il était temps d'y songer; car le guichetier m'avertit que, le lendemain, je devais être jugé par une junte, composée de Théatins, et présidée par un membre du saint Office. — Vers le soir on apporta un corps, couvert d'un drap noir, garni de riches franges en argent. Je jugeai que c'était là le grand seigneur dont avait parlé Sangro-Moreno.

Lorsque la nuit fut bien noire, et le silence assez profond, je dégageai le barreau, j'attachai l'échelle, et j'allais descendre lorsque les spectres reparurent sur la muraille. C'étaient, comme vous le jugez bien, les élèves du docteur. Ils allèrent droit au grand seigneur défunt, et l'enlevèrent; mais sans toucher au drap noir garni de franges.

Quand ils furent partis, j'ouvris ma fenêtre et je descendis le plus heureusement du monde. Ensuite, je me proposai de poser un des brancards contre le mur, et de m'en servir en guise d'échelle. — Comme j'allais y procéder, j'entendis qu'on ouvrait la porte du cimetière. Je courus me cacher dans le portique; je m'étendis sur le brancard, et je me couvris du drap à franges, dont je relevai le coin pour voir ce qui allait entrer. — D'abord, ce fut un écuyer vêtu de noir, qui tenait un flambeau d'une main, et son épée dans l'autre; puis venaient des valets en deuil; enfin, une dame, d'une beauté merveilleuse, couverte de crêpes noirs, depuis la tête jusqu'aux pieds. La belle éplorée vint à mon brancard, et, se jetant à genoux, elle proféra ces paroles lamentables : « O » restes adorés du plus aimable des » époux ! que ne puis-je, comme » une autre Artémise, mêler vos » cendres à ma boisson. Elles cir- » culeraient avec mon sang, et ra- » nimeraient ce cœur qui n'a jamais » battu que pour vous. Mais, puis- » que ma religion ne me permet » point de vous servir de sépulcre » vivant, je veux au moins vous » enlever à la poussière des morts; » je veux arroser tous les jours, de » mes pleurs, les fleurs qui naîtront » sur votre tombe, où mon dernier » soupir nous réunira bientôt. » —

Après avoir ainsi parlé, la dame se tourna du côté de son écuyer, et lui dit : « Don Diègue, faites en-
» lever le corps de votre maître;
» nous l'enterrerons ensuite dans la
» chapelle du jardin. »

Aussitôt quatre valets robustes se chargèrent du brancard; et s'ils croyoient porter un mort, ils ne se trompaient guère, car j'étais à moitié mort de frayeur.

Tandis que l'on me portait sur mon brancard, j'avais défait une couture dans le drap noir dont j'étais couvert. Je vis que la dame était montée dans une litière drapée de noir; que son écuyer était à cheval, et que mes porteurs se relayaient pour aller plus vite. Nous étions sortis de Burgos par je ne sais quelle porte, et nous marchâmes environ une heure. Après quoi l'on s'arrêta devant un jardin; on y entra, et je fus enfin déposé dans un pavillon, au milieu d'une salle drapée de noir, et faiblement éclairée par la lueur de quelques lampes.

« Don Diègue (dit la dame à
» son écuyer), retirez-vous. Je veux
» encore pleurer sur ces restes ado-
» rés auxquels ma douleur me re-
» joindra bientôt. »

Lorsque la dame fut seule, elle s'assit devant moi, et dit : « Bar-
» bare, voilà donc où t'a conduit
» ton implacable fureur. Tu nous
» condamnas sans nous entendre.

» Comment en répondras-tu au tri-
» bunal terrible de l'éternité ? »

En ce moment vint une autre femme. Elle avait un poignard à la main, et tout l'air d'une furie. « Où sont (dit-elle) les restes in-
» fâmes de ce monstre à figure hu-
» maine ? Je veux savoir s'il eut
» des entrailles ; je les veux dé-
» chirer ; je veux arracher son im-
» pitoyable cœur ; je veux l'écraser
» dans mes mains ; je veux assouvir
» ma rage. »

Il me parut alors qu'il était temps de me faire connaître. Je me débarrassai de mon drap noir, et, embrassant les genoux de la femme au poignard, je lui dis : « Madame,
» ayez pitié d'un pauvre écolier qui

» s'est caché sous ce drap mortuaire
» pour échapper au fouet.

» Petit malheureux (s'écria-t-elle),
» où donc est le corps du duc de
» Sidonia?

» Il est (lui dis-je) entre les
» mains du docteur Sangro-Moreno;
» ses disciples l'ont enlevé cette
» nuit.

» Juste ciel (dit cette femme)!
» lui seul a reconnu que le duc
» est mort par le poison. Je suis
» perdue.

» Ne craignez rien (lui dis-je),
» le docteur n'osera jamais avouer
» les enlèvemens qu'il fait au ci-
» metière des Capucins; et ceux-ci,
» qui croyent que le diable emporte
» les corps qui disparaissent, se

» garderont bien de convenir que
» Satan se soit acquis autant de pou-
» voir dans l'enceinte de leur cou-
» vent. »

Alors la femme au poignard, me regardant d'un air sévère, me dit : « Et toi, petit malheureux, qui nous » répondra de ta discrétion ?

» Madame (lui répondis-je), je » dois être, aujourd'hui, jugé par » une junte de Théatins, présidée » par un membre de l'inquisition ; » sans doute ils me condamneront » à recevoir mille coups de fouet. » Je vous supplie de vous assurer » de ma discrétion, en me déro- » bant à tous les regards. » — La dame, au lieu de me répondre, ouvrit une trappe, ménagée dans un coin de la salle, et me fit signe d'y descendre. J'obéis, et la trappe se referma sur moi.

Je descendis un escalier très-obscur, qui me conduisit à un souterrain tout aussi sombre. Je heurtai contre un poteau. Des chaînes se présentèrent sous ma main; puis mes pieds rencontrèrent une pierre sépulcrale, surmontée d'une croix de métal. Ces tristes objets n'invitaient pas au sommeil; mais j'étais dans l'âge heureux où l'on dort en dépit de tout. Je m'étendis sur le marbre funéraire, et je ne tardai pas à m'endormir très-profondément.

Le lendemain, je vis ma prison éclairée par une lampe allumée dans un autre caveau, séparé du mien par des barreaux de fer. Bientôt la dame au poignard parut à la grille, pour y déposer une corbeille couverte d'un linge. Elle voulut parler, mais ses pleurs l'en empêchèrent. Elle me fit entendre, par signes, que ce lieu lui rappelait d'affreux souvenirs. Je trouvai dans sa corbeille d'abondantes provisions, et quelques livres. J'étais rassuré contre la fustigation ; j'étais sûr aussi de ne voir aucun Théatin ; et toutes ces considérations firent que ma journée se passa fort agréablement.

Le lendemain, ce fut la jeune veuve qui m'apporta la provision. Elle voulut aussi parler, mais elle n'en n'eut pas la force, et se retira sans pouvoir dire un seul mot.

Le jour suivant elle revint encore. Elle avait sa corbeille sous le bras, et la passa à travers les barreaux de la grille. Le caveau où elle était, avait un grand crucifix. Elle se jeta à genoux devant cette image de notre Sauveur, et fit la prière suivante : « O mon Dieu!
» sous ce marbre reposent les restes
» mutilés d'un être doux et tendre.
» Il a sans doute pris sa place
» parmis les anges, dont il était
» l'image sur la terre. Sans doute
» il implore ta clémence pour son
» barbare meurtrier; pour celle qui
» vengea sa mort, et pour l'infor-
» tunée complice involontaire et

» victime de tant d'horreurs. » — Ensuite la dame continua sa prière à voix basse, mais avec beaucoup de ferveur. Enfin elle se releva, s'approcha de la grille, et me dit, d'un ton plus calme : « Dites-moi
» s'il vous manque quelque chose,
» et ce que nous pouvons faire
» pour vous.

» Madame (lui répondis-je), j'ai
» une tante appelée Dalanosa. Elle
» demeure rue des Théatins. Je
» voudrais bien qu'elle sût que
» j'existe, et que je suis en sûreté.

» Une pareille commission (dit
» la dame), pourrait nous com-
» promettre. Néanmoins je vous
» promets de chercher les moyens
» de tranquilliser votre tante.

» Madame (lui répondis-je), vous
» êtes la bonté même, et l'époux
» qui fit votre malheur, dut, sans
» doute, être un monstre.

» Hélas (dit la dame)! quelle
» erreur est la vôtre; il était le
» meilleur et le plus sensible des
» hommes. »

Le jour suivant, ce fut la femme au poignard qui m'apporta ma provision. Elle me parut moins affectée, ou du moins plus maîtresse d'elle-même. « Mon enfant (me dit-
» elle), j'ai moi-même été chez
» votre tante; elle paraît avoir pour
» vous la tendresse d'une mère; et
» sans doute vous n'avez plus de
» parens. » — Je lui répondis que j'avais effectivement perdu ma mère;

et qu'ayant eu le malheur de tomber dans l'encrier de mon père, il m'avait pour toujours banni de sa présence.

La dame voulut avoir une explication de ce que je venais de lui dire. Je lui racontai mon histoire, qui parut lui arracher un sourire. Elle me dit : « Mon enfant, je
» crois que j'ai ri ; depuis long-
» temps cela ne m'était arrivé. J'a-
» vais un fils ; il repose sous le
» marbre où vous êtes assis. Je
» voudrais le retrouver en vous.
» J'ai nourri la duchesse de Sido-
» nia. Je ne suis qu'une femme
» du peuple ; mais j'ai un cœur
» qui sait aimer et haïr ; et les
» personnes de ce caractère ne sont

» jamais à mépriser. » — Je remerciai la dame, et je l'assurai que j'aurais toujours pour elle les sentimens d'un fils.

Plusieurs semaines se passèrent à peu près de la même manière. Les deux dames s'accoutumèrent à moi tous les jours davantage. La nourrice me traitait comme un fils, et la duchesse, avec une bienveillance extrême; elle passait souvent plusieurs heures au souterrain.

Un jour qu'elle paraissait un peu moins triste que de coutume, j'osai lui demander le récit de ses infortunes. Elle s'en défendit longtemps. Enfin elle voulut bien céder à mes instances, et s'exprima en ces termes:

HISTOIRE DE LA DUCHESSE DE MÉDINA-SIDONIA.

« Je suis la fille unique de don Emmanuel de Val-Florida, premier secrétaire d'état, mort depuis peu, honoré des regrets de son maître, et, m'a-t-on dit, regretté même dans les cours de l'Europe alliées de notre puissant monarque. Je n'ai connu cet homme respectable que dans les dernières années de sa vie.

» Ma jeunesse s'était passée dans les Asturies, auprès de ma mère, qui, séparée de son époux dans les premières années de son mariage, vivait chez son père, le marquis d'Astorgas, dont elle était l'unique héritière.

» J'ignore jusqu'à quel point ma mère mérita de perdre l'affection de son époux; mais je sais que les longues peines de sa vie eussent suffi pour expier les fautes les plus graves. La mélancolie semblait l'avoir pénétrée. Il y avait des larmes dans son regard, de la douleur dans son sourire. Son sommeil même n'était pas exempt de tristesse. Des soupirs et des sanglots en troublaient la tranquillité.

» Ce n'est pas que la séparation fût entière; ma mère recevait régulièrement des lettres de son époux, et lui répondait de même. Elle avait deux fois été le voir à Madrid; mais le cœur de cet époux s'était fermé pour toujours. La marquise avait l'âme aimante et tendre. Elle réunit toutes ses affections sur son père, et ce sentiment, qu'elle porta jusqu'à l'exaltation, mêla quelque douceur à l'amertume de ses longs chagrins.

» Pour ce qui me regarde, je serais embarrassée à définir le sentiment que ma mère me portait. Elle m'aimait sans doute; mais on eût dit qu'elle craignait de se mêler de ma destinée. Bien loin de me faire des leçons, à peine osait-elle me donner des conseils. Enfin, s'il faut vous le dire, ayant offensé la vertu, elle ne se croyait plus digne de l'enseigner à sa fille. On laissa donc mon enfance dans une espèce d'abandon qui m'eût privée des avantages d'une bonne éducation, si je n'avais eu près de moi la Girona, d'abord ma nourrice, et devenue ensuite ma gouvernante. Vous la connaissez; vous savez qu'elle a l'âme forte et l'esprit très-cultivé. Elle n'a rien négligé pour faire de moi la plus heureuse des femmes. Mais une destinée irrésistible l'emporte sur tous ses soins. Pedro Giron, mari de ma nourrice, avait été connu par un caractère entreprenant, mais équivoque. Forcé de quitter l'Espagne, il s'était embarqué pour l'Amérique, et ne donnait plus de ses nouvelles. La Girona n'avait eu de lui qu'un fils, qui était mon frère de lait. Cet enfant était d'une beauté merveilleuse, ce qui lui fit donner le surnom d'*Hermosito*, qu'il garda pendant tout le court espace de sa vie. Un même lait nous avait nourri. Nous avions souvent reposé dans le même berceau. Notre intimité ne fit que croître jusqu'à ma septième année. Alors la Girona crut qu'il était temps d'instruire son fils de la différence des rangs, et de la grande distance que le sort avait mis entre lui et sa jeune amie.

» Un jour que nous avions eu quelque querelle d'enfant, la Girona appela son fils, et, prenant un ton fort sérieux, elle lui dit : « N'oubliez jamais que mademoi- » selle de Val-Florida, est votre

» maîtresse et la mienne, et que
» nous sommes seulement les pre-
» miers serviteurs de la maison. »

— Hermosito se le tint pour dit; il n'eut d'autres volontés que les miennes. Il mettait même son étude à les deviner et les prévenir : cet entier dévouement paraissait avoir pour lui des charmes inexprimables ; et moi, je pris beaucoup de plaisir à le voir m'obéir en toutes choses.

» La Girona vit bientôt les dangers de la nouvelle manière d'être qui s'était établie entre nous, et se proposa de nous séparer dès que nous aurions treize ans. Ensuite elle n'y pensa plus, et tourna son attention vers d'autres objets.

» La Girona, comme je vous l'ai dit, a l'esprit cultivé. De bonne heure elle mit entre nos mains quelques bons auteurs espagnols, et nous donna une idée générale de l'histoire. Voulant aussi nous former le jugement, elle nous faisait raisonner sur nos lectures, et nous montrait comment on en pouvait faire le sujet d'utiles réflexions. Il est assez ordinaire aux enfans, lorsqu'ils commencent à étudier l'histoire, de se passionner pour les personnages dont le rôle est le plus brillant. Dans ce cas là, mon héros devenait celui de mon jeune ami. Et si j'en changeais, il adoptait aussitôt mon nouvel engouement.

» Je m'étais si parfaitement accoutumée à la soumission d'Hermosito, que la moindre résistance de sa part m'eût fort étonnée; mais cela n'était point à craindre; et je fus, de moi-même, obligée de mettre des bornes à mon autorité, ou, du moins, de n'en user qu'avec prudence. Un jour je voulus avoir un coquillage brillant que je voyais au fond d'une eau claire et profonde; Hermosito s'y précipita au même instant, et manqua se noyer. Une autre fois, voulant atteindre un nid dont j'avais envie, une branche se rompit sous lui, et il se fit beaucoup de mal. Depuis lors, je mis de la circonspection à témoigner mes désirs; mais je trouvais qu'il était beau d'avoir un aussi grand pouvoir, et de n'en point user. Ce fut là, si je me le rappelle bien, mon premier mouvement d'orgueil. Je crois en avoir eu quelques autres depuis.

» Ainsi se passa notre treizième année. Le jour qu'Hermosito l'eut finie, sa mère lui dit : « Mon fils, » aujourd'hui nous avons célébré le » treizième anniversaire de votre » naissance. Vous n'êtes plus un » enfant, et vous ne pouvez plus » être aussi rapproché de Made- » moiselle, que vous l'avez été jus- » qu'à présent. Demain vous par- » tirez pour vous rendre, en « Navarre, auprès de votre grand- » père. »

» La Girona n'eut pas plus tôt achevé sa phrase, qu'Hermosito donna des marques du plus affreux désespoir. Il pleura, s'évanouit, reprit ses sens pour pleurer encore. Quant à moi, je le consolais plus que je ne partageais sa peine. Je le regardais comme un être tout à fait dépendant de moi, qui, pour ainsi dire, ne respirait qu'avec ma permission. Je trouvais son désespoir une chose très-naturelle ; mais je ne croyais point lui devoir le moindre retour. J'étais aussi trop jeune, et trop accoutumée à le voir, pour que sa merveilleuse beauté pût faire sur moi quelque impression.

» La Girona n'était point de ces personnes que l'on peut toucher par des pleurs. Celles d'Hermosito furent inutiles. Il fallut partir; mais, au bout de deux jours, son muletier vint, d'un air affligé, nous dire qu'en passant par un bois, il avait, pour un instant, quitté ses mules, et, qu'en revenant, il n'avait plus retrouvé Hermosito; qu'il l'avait vainement appelé, puis cherché dans la forêt, et qu'apparemment les loups l'avaient mangé. La Girona parut moins affligée que surprise. — « Vous verrez (dit-elle) que ce petit obstiné nous reviendra. » — Elle ne se trompait point. Bientôt nous vîmes revenir le jeune fugitif. Il embrassa les genoux de sa mère, et lui dit : « Je » suis né pour servir mademoiselle

» de Val-Florida ; et je mourrai
» si l'on veut m'éloigner de la
» maison. »

Peu de jours après, la Girona reçut une lettre de son mari, qui, depuis long-temps, ne donnait plus de ses nouvelles. Il informait sa femme de la fortune qu'il avait faite à la Véra-Cruz, et témoignait le désir d'avoir son fils auprès de lui. La Girona, qui voulait à tout prix éloigner Hermosito, ne manqua pas d'accepter la proposition.

Hermosito, depuis son retour, ne demeurait plus au château. On l'avait logé dans une ferme que nous avions sur les bords de la mer. Un matin sa mère alla l'y trouver, et le força de s'embarquer sur le bateau d'un pêcheur qui s'était engagé à le conduire à bord d'un vaisseau américain. Hermosito, pendant la nuit, se jeta à la nage, et regagna la côte. La Girona le força de se rembarquer encore. C'étaient autant de sacrifices qu'elle faisait à son devoir. Il était aisé de voir combien ils coûtaient à son cœur. — Tous les événemens que je viens de rapporter, s'étaient suivis de très-près; ensuite il en survint de fort tristes. Mon grand-père tomba malade. Ma mère, depuis long-temps consumée par une maladie de langueur, confondit son dernier soupir avec celui du marquis d'Astorgas.

Mon père avait tous les jours été

attendu dans les Asturies. Mais le roi ne put se résoudre à le laisser partir, l'état des affaires ne permettant pas son éloignement. Le marquis de Val-Florida écrivit à la Girona dans les termes les plus touchans, et lui ordonna de m'amener à Madrid en toute hâte. Mon père avait pris à son service tous les domestiques du marquis d'Astorgas, dont j'étais la seule héritière. Ils se mirent en route avec moi, et me composèrent un cortége très-brillant. La fille d'un secrétaire d'état est, d'ailleurs, assez sûre d'être bien accueillie d'un bout des Espagnes à l'autre. Les honneurs que je reçus dans ce voyage, contribuèrent, je crois, à faire naître en moi les sentimens ambitieux qui, depuis, ont décidé de mon sort. J'éprouvai une autre sorte d'orgueil en approchant de Madrid. J'avais vu la marquise de Val-Florida, aimer, idolâtrer son père, ne respirer, n'exister que pour lui, et me traiter avec une sorte de froideur. A présent j'allais avoir un père à moi. Je me promettais de l'aimer de toute mon âme. Je voulais même contribuer à son bonheur. Cet espoir me rendait fière ; je me crus une grande personne : cependant mes quatorze ans n'étaient point encore accomplis.

» Ces idées flatteuses m'occupaient encore, lorsque ma voiture entra dans la cour de notre hôtel. Mon père me reçut au bas de l'escalier, et me fit mille tendres caresses; bientôt un ordre du roi l'appela à la cour; je me retirai dans mon appartement, mais j'étais fort agitée, et je passai la nuit sans dormir.

» Le lendemain matin, mon père me fit appeler; il prenait son chocolat, et me fit déjeuner avec lui; ensuite il me dit : « Ma chère Éléonore, mon
» intérieur est triste, et mon humeur
» en est devenue un peu sombre;
» mais puisque vous m'êtes rendue,
» j'espère voir désormais des jours
» plus sereins. Mon cabinet vous
» sera toujours ouvert; apportez-y
» quelque ouvrage de femme. J'ai
» un cabinet plus retiré pour les

» conférences et le travail secret; je
» chercherai au milieu des affaires des
» intervalles pour causer avec vous,
» et j'espère en ces doux entretiens,
» retrouver quelque image du bon-
» heur domestique, que j'ai depuis
» si long-temps perdu ». — Après
m'avoir ainsi parlé, le marquis sonna;
son secrétaire entra portant deux
corbeilles, dont l'une renfermait les
lettres arrivées ce jour-là; l'autre les
lettres arriérées, dont on avait retardé
l'expédition.

Je passai quelque temps dans ce cabinet et puis je revins à l'heure du
dîner. J'y trouvai quelques-uns des
amis intimes de mon père, employés
comme lui aux affaires les plus im-
portantes. Ils en parlèrent devant

moi sans se gêner beaucoup. A leurs entretiens je mêlai des mots naïfs, qui les amusèrent. Je crus m'apercevoir qu'ils intéressaient mon père, et mon courage s'en accrut. — Le lendemain, je me rendis dans son cabinet dès que je sus qu'il y était. Il prenoit son chocolat, et me dit d'un air satisfait : « C'est aujourd'hui » vendredi, nous aurons des lettres » de Lisbonne ». Ensuite il sonna. Le secrétaire apporta les deux corbeilles. Mon père fouilla d'un air empressé dans l'une d'elles, il en tira une lettre qui contenait deux feuilles ; l'une chiffrée, qu'il remit à son secrétaire ; l'autre écrite, qu'il se mit à lire lui-même, avec un air de complaisance et d'une tendre bienveillance. — Tandis qu'il était occupé de cette lecture, j'avais pris l'enveloppe de la lettre, et j'en considérais le cachet. Il était enrichi d'une toison, surmontée d'un bonnet ducal. Hélas ! ces pompeuses armoiries devaient un jour être les miennes ! Le jour suivant, vint la poste de France, et successivement toutes les autres. Mais aucune n'intéressa mon père, autant que celle de Portugal.

» Lors donc que la semaine fut révolue, comme mon père prenait son chocolat, je lui dis : « C'est » aujourd'hui vendredi, nous aurons » la poste de Lisbonne ». — Le secrétaire entra, je courus fouiller dans la corbeille; j'en tirai la lettre favorite, et j'allai la présenter à mon père, qui, pour m'en récompenser, m'embrassa tendrement.

» Je répétai le même manège plusieurs vendredis de suite. Ensuite, un jour, je m'enhardis jusqu'à demander à mon père, ce que c'était que cette lettre, qu'il distinguait ainsi de toutes les autres ? « Cette lettre
» (me répondit-il) est de notre
» ambassadeur à Lisbonne, le duc de
» Médina-Sidonia, mon ami, mon
» bienfaiteur, et plus que tout cela;
» car je crois de bonne foi, que mon
» existence est attachée à la sienne.

» En ce cas (lui dis-je), cet
» aimable duc a le droit de m'inté-
» resser, et je dois chercher à le con-
» naître. Je ne vous demande pas ce
» qu'il vous écrit en chiffres; mais je

» vous prie de me lire la feuille écrite
» en lettres vulgaires. ». — Cette
proposition parut mettre mon père
dans une colère véritable. Il me
traita d'enfant gâté, volontaire, et
rempli de fantaisies. Il me dit encore
d'autres choses fort dures; ensuite il
se radoucit, et non-seulement il me
lut la lettre du duc de Sidonia, mais
il me dit de la garder. Je l'ai là-haut,
et je vous l'apporterai, la première
fois que je viendrai vous voir.

La duchesse m'apporta effectivement la lettre dont elle m'avait parlé
la veille. Elle était ainsi conçue :

*Le duc de Médina-Sidonia au mar-
quis de Val-Florida.*

« Vous trouverez, cher ami, dans

» la dépêche chiffrée, la suite de
» nos négociations. Ici, je veux en-
» core vous parler de la cour dévote
» et galante, où je suis condamné
» à vivre. Un de mes gens doit
» porter cette lettre à la frontière,
» ce qui fait que je m'étendrai sur
» ce sujet avec plus de confiance.

» Le roi don Pèdre continue à
» faire des couvens le théâtre de
» ses galanteries. Il a quitté l'abbesse
» des Ursulines pour la prieure des
» Visitandines. Sa majesté veut que
» je l'accompagne dans ses amoureux
» pélerinages, et pour le bien des
» affaires, il faut m'y prêter. Le roi
» se tient chez la prieure, séparé
» d'elle par une grille menaçante,
» qui, par un mécanisme secret,

» peut, dit-on, s'abaisser sous la
» main toute-puissante du monarque.
» Nous autres, sommes répandus
» en d'autres parloirs, dont les jeunes
» récluses nous font les honneurs.
» Les Portugais trouvent un extrême
» plaisir à la conversation des re-
» ligieuses, qui d'ailleurs n'a guère
» plus de sens que le ramage des
» oiseaux en cage, à qui elles re-
» semblent par la clôture où elles
» vivent. Mais la touchante pâleur
» de ces vierges sacrées, leurs dé-
» vots soupirs, les tendres applica-
» tions qu'elles font du langage de
» la piété, leurs demi-naïvetés et
» leurs vagues désirs; voilà, sans
» doute ce qui charme les seigneurs
» Portugais, et ce qu'ils ne trou-

» veraient pas chez les dames de
» Lisbonne.

» Tout, dans ces retraites, porte
» à l'ivresse de l'âme et des sens.
» L'air qu'on y respire est em-
» baumé; les fleurs y sont entassées
» devant les images des saints. L'œil,
» au de-là des parloirs, entrevoit
» des dortoirs solitaires, également
» parés et parfumés. Les sons de la
» guitare profane s'y confondent
» avec les accords des orgues sacrées,
» et couvrent le doux chuchotage
» de jeunes amans, collés aux deux
» côtés d'une grille.

» Pour moi, je puis pendant
» quelques instans me mêler à ces
» tendres folies; mais ensuite les
» propos caressans de passion et

» d'amour, ne tardent pas à me
» rappeler des idées de crime et de
» meurtre. Je n'en ai pourtant ja-
» mais commis qu'un seul ; j'ai tué
» un ami qui avait sauvé vos jours
» et les miens. Les belles manières
» du beau monde ont amené ces
» événemens funestes, qui ont flétri
» ma vie. J'étais alors dans cet âge
» d'épanouissement, où l'âme s'ouvre
» au bonheur ainsi qu'à la vertu.
» Sans doute, la mienne se fût ou-
» verte à l'amour ; mais ce sentiment
» ne put naître au milieu de si
» cruelles impressions. Je n'entendais
» pas parler d'amour que je ne
» visse mes mains teintes de sang.
 » Cependant, je sentais le besoin
« d'aimer ; ce sentiment qui, dans

» mon cœur, fût devenu de l'amour,
» se changea en une bienveillance gé-
» nérale, qui cherchait à se répandre
» autour de moi. J'aimais mon pays.
» J'aimais surtout ce bon peuple
» espagnol, si fidèle à son culte, à
» ses rois, à sa parole. Les Espa-
» gnols me rendirent amour pour
» amour, et la cour trouva que l'on
» m'aimait trop. — Depuis lors, dans
» un exil honorable, j'ai pu servir
» mon pays; j'ai pu, quoique de
» loin, faire quelque bien à mes
» vassaux. L'amour de ma patrie et
» de l'humanité, a rempli mon exis-
» tence de sentimens assez doux.

» Pour ce qui est de cet autre
» amour, dont se fût embelli le prin-
» temps de ma vie, quel bien en

» pourrais-je attendre aujourd'hui ?
» Je l'ai résolu, je serai le dernier
» des Sidonia. — Je sais que les
» filles des grands ambitionnent de
» s'unir à moi. Mais elles ignorent
» que le don de ma main est un
» présent dangereux. Mon humeur
» ne peut s'accommoder aux mœurs
» du jour. Nos pères ont vu dans
» leurs épouses, les dépositaires de
» leur bonheur et de leur honneur.
» Le poignard et le poison étaient,
» dans l'antique Castille, la puni-
» tion de l'infidelité. Je suis loin de
» blâmer mes ancêtres ; je ne voudrais
» pas être dans le cas de les imiter.
» Et, comme je vous l'ai dit, il
» vaut mieux que ma maison finisse
» en moi. »

» Comme mon père en était à cet endroit de la lettre, il parut hésiter et ne vouloir pas en continuer la lecture; mais je fis si bien, qu'il la reprit et lut ce qui suit :

» Je me réjouis avec vous du
» bonheur que vous trouvez dans la
» société de l'aimable Éléonore. La
» raison, à cet âge, doit avoir des
» formes bien séduisantes. Ce que
» vous en dites, me prouve que
» vous êtes heureux, et me rend
» heureux moi-même...... »

» Je ne pus en entendre davantage : j'embrassai les genoux de mon père; je faisais son bonheur, j'en étais sûre, j'étais transportée de plaisir. — Lorsque ces premiers momens de joie furent passés, je demandai quel âge

avait le duc de Sidonia. « Il a (me
» dit mon père), cinq ans de moins
» que moi, c'est-à-dire trente-cinq;
» mais (ajouta-t-il), c'est une de
» ces figures qui restent long-temps
» jeunes. »

» J'étais dans cet âge où les jeunes
filles n'ont point encore porté leurs
idées sur l'âge des hommes : un garçon qui n'eût eu comme moi que
quatorze ans, ne m'eût paru qu'un
enfant, tout à fait indigne de mon
attention. Mon père ne me paraissait
pas vieux; et le duc, étant plus jeune
que mon père, me semblait devoir
être un jeune homme : ce fut l'idée
que j'en pris alors, et dans la suite
elle contribua à décider mon sort.

» Ensuite, je demandai ce que

c'était que ces meurtres dont parlait le duc? Ici, mon père devint très-sérieux, il donna quelques instans à la réflexion, et puis il me dit : « Ma chère Éléonore, ces événemens » ont un rapport intime avec la sé- » paration que vous avez vu exister » entre votre mère et moi. Je ne » devrais peut-être pas vous en » parler, mais tôt ou tard, votre » curiosité s'y porterait d'elle-même; » plutôt que de la laisser s'exercer » sur un sujet aussi délicat qu'affli- » geant, j'aime mieux vous en ins- » truire moi-même. » — Après ce préambule, mon père me fit l'histoire de sa vie, et la commença en ces termes :

HISTOIRE DU MARQUIS DE VAL-FLORIDA.

» Vous savez que la maison d'As-
» torgas a fini dans la personne de
» votre mère. Cette maison et celle
» de Val-Florida, étaient les plus
» anciennes dans les Asturies. Le
» vœu général de la province me
» destinait la main de mademoiselle
» d'Astorgas. Accoutumés de bonne
» heure à cette idée, nous avions
» pris l'un pour l'autre les senti-
» mens qui peuvent rendre un
» mariage heureux. Diverses circons-
» tances retardèrent cependant notre
» union, et je ne me mariai qu'à
» l'âge de vingt-cinq ans accomplis.
 » Six semaines après notre noce,
» je dis à mon épouse que tous

» mes ancêtres ayant exercé la pro-
» fession des armes, je croyais
» que l'honneur me prescrivait de
» suivre leur exemple, et que d'ail-
» leurs, il y avait en Espagne beau-
» coup de garnisons où nous passe-
» rions notre temps plus agréablement
» que dans les Asturies. Madame de
» Val-Florida, me répondit qu'elle
» serait toujours de mon avis dans
» les choses où je croirais mon hon-
» neur intéressé. Il fut donc décidé
» que je servirais. J'en écrivis en
» cour, et j'obtins une compagnie
» de cavalerie dans le régiment de
» Médina-Sidonia : il était en gar-
» nison à Barcelonne, et c'est là
» que vous êtes née.

» A cette époque, la guerre se

» faisait encore en Portugal, ou plu-
» tôt elle y languissait. La cour de
» Madrid avait trop de hauteur
» pour reconnaître les Bragance, et
» pas assez d'énergie, pour les dé-
» posséder. Don Louis de Haro,
» plus habile que son oncle Oli-
» varès, avait néanmoins une partie
» de ses défauts; il était, à la vérité,
» moins négligent, moins absorbé
» dans les intrigues de la cour;
» mais sa lenteur et son hésitation,
» avaient souvent fait beaucoup de
» mal. De temps à autre, il faisait
» entrer un corps de troupes en
» Portugal; mais bientôt il lui pa-
» raissait qu'il serait mieux employé
» ailleurs : on retirait une partie
» des forces, et bientôt l'armée

» était obligée d'évacuer le sol por-
» tugais.

» A une de ces époques d'acti-
» vité, on fit entrer en Portugal,
» un corps de douze mille hommes,
» et notre régiment en faisait partie;
» un autre corps devait attaquer
» les provinces du nord, et des
» bandes Vallones, mettre à contri-
» bution le petit royaume des Al-
» garves. Les Portugais sacrifièrent
» habilement les frontières de leur
» pays, et réunirent leurs forces
» contre nous. Nous entrâmes du
» côté de Badajoz, et nous mar-
» châmes sur Elvas. Bientôt, nous
» trouvâmes les Portugais, forts de
» près de vingt mille hommes. Don
» Estevas-Serra, notre général, pré-

» senta le combat, sans s'être beau-
» coup informé des forces de l'en-
» nemi; il eut néanmoins la prudence
» de former une forte arrière-garde,
» dont notre régiment faisait partie.
« Sur la fin du jour, on vit paraître
» des colonnes portugaises de troupes
» fraîches, et les nôtres furent mises
» en désordre. En cet instant, un
» héros nous apparut : il était dans
» la fleur de la jeunesse, et couvert
» d'armes éclatantes. *A moi* (dit-il),
» *je suis votre colonel, le duc de*
» *Sidonia*. — Certes, il fit bien de
» se nommer, car peut-être nous
» l'eussions pris pour l'ange des ba-
» tailles, ou pour quelque autre
» prince de l'armée céleste. Son air
» avait réellement quelque chose de

» divin. Notre régiment fut comme
» inspiré, et l'enthousiasme se com-
» muniqua à tout ce qui composait
» l'arrière-garde. On fondit sur l'en-
» nemi, qui fut aussitôt dispersé. La
» nuit favorisa sa retraite, et nous
» restâmes maîtres du champ de ba-
» taille.

» J'ai lieu de croire, qu'après le
» duc, ce fut moi qui fit les plus
» belles actions. Du moins j'en reçus
» un témoignage très-flatteur, par
» l'honneur que me fit mon illustre
» colonel, de me demander mon
» amitié. — De sa part, ce n'était
» point un vain compliment. Nous
» devînmes véritablement amis, sans
» que ce sentiment prît chez le duc
» aucun caractère de protection, ni

» chez moi quelque teinte d'infé-
» riorité. On reproche aux Espagnols
» une certaine gravité, qu'ils mettent
» dans leurs manières. Mais, c'est
» pourtant en évitant la familiarité,
» que nous savons être fiers sans or-
» gueil, et respectueux avec noblesse.
» Le champ de bataille que nous
» avions gardé toute la nuit et le
» jour suivant, ne rendait pas nos
» affaires beaucoup meilleures. L'en-
» nemi s'était formé à trois lieues
» d'Elvas, et comptait nous attaquer
» de nouveau. Notre général prit
» une position sur les hauteurs de
» Borgo-Léon, et les Portugais se
» décidèrent à envoyer des déta-
» chemens au secours de leurs pro-
» vinces du nord et du midi.

» A cette époque, des révoltes
» éclatèrent en Catalogne. Don San-
» che reçut l'ordre de s'y porter
» avec la moitié de son corps. En
» même temps le roi donna au
» duc de Sidonia le rang de lieu-
» tenant-général, et la commission
» périlleuse de se maintenir à tout
» prix sur le territoire portugais et
» d'attendre des secours. Il y a
» apparence, qu'on voulait s'épar-
» gner la honte d'une retraite entière.
» J'ai cependant aussi des raisons
» de croire que ce projet fut dicté
» par les ennemis de la maison de
» Sidonia.

» Le duc sentit bien le danger de
» sa situation; il ne lui restait que
» cinq mille hommes, avec lesquels

» il se fortifia comme il put. Il me
» nomma son quartier-maître, et je
» remplis cette charge, j'ose le dire,
» avec zèle.

» Lorsque les Portugais furent in-
» formés de la diminution de nos
» forces, ils se rassemblèrent de
» nouveau, et nous entourèrent de
» manière à ce que nous ne pussions
» leur échapper. Néanmoins, ils
» n'osaient pas nous attaquer.

» Bientôt la France prit ouver-
» tement sous sa protection les ré-
» voltés de Catalogne. On se décida,
» à Madrid, à proposer une trêve
» au Portugal; mais il fallait aupa-
» ravant dégager le duc. Un cour-
» rier Espagnol, qui eut bien de la
» peine à parvenir jusqu'à nous,

» nous informa de l'état des affaires.
» Mais ce n'était pas tout, que
» d'avoir la permission de quitter
» notre poste, il fallait passer au
» travers des Portugais, qui avaient
» détruit les chemins, palissadé la
» sortie des gorges, et armé le peuple
» des environs. Nous reçûmes des
» secours d'un côté où nous ne les
» attendions pas.

» Van-Berg, colonel des bandes
» Vallones, ayant désolé le royaume
» des Algarves, se retirait sur Ba-
» dajoz. Il apprend la situation du
» duc, force de marches, fond sur
» les lignes portugaises, et nous dé-
» gage complètement d'un côté. Le
» duc en profite, et dès le len-
» demain nous étions à Badajoz,

» sans avoir perdu un canon, mais
» réduits à trois cents hommes. Les
» Vallons de Van-Berg y entrèrent
» avec nous.
» Dès que nous eûmes pris nos
» quartiers, le duc vint chez moi,
» et me dit : *Mon cher Val-Flo-*
» *rida, le nombre de deux est, je*
» *le sais, celui qui convient à l'a-*
» *mitié ; on ne peut le passer sans*
» *blesser ses saintes lois ; mais je*
» *crois que le service éminent que*
» *Van-Berg nous a rendu, mérite*
» *une exception. Nous lui devons,*
» *je pense, l'offre de votre amitié,*
» *comme de la mienne, pour l'ad-*
» *mettre en tiers dans le nœud*
» *qui nous lie.* — Je fus de l'avis
» du duc, qui se rendit chez Van-

» Berg, et lui fit des offres d'amitié, » avec une solennité qui répondait » à l'importance qu'il attachait au » titre d'ami. Van-Berg en parut » surpris. *Monsieur le duc* (lui dit- » il), *Votre Excellence me fait* » *beaucoup d'honneur; mais j'ai* » *l'habitude de m'enivrer presque* » *tous les jours. Quand par hasard* » *je ne suis pas ivre, je joue le plus* » *gros jeu que je puis. Si Votre* » *Excellence n'a pas les mêmes* » *habitudes, je ne crois pas que* » *notre liaison puisse être de quel-* » *que durée.*

» Cette réponse déconcerta d'abord » le duc, puis elle le fit rire. Il » assura Van-Berg de toute son » estime, et lui promit de s'em-

» ployer à la cour, pour qu'il fût
» récompensé d'une manière écla-
» tante. Mais Van-Berg voulait des
» récompenses lucratives. Le duc
» partit pour Madrid; il obtint pour
» notre libérateur la baronie de
» Deulen, située dans l'arrondisse-
» ment de Malines. On me donna
» le grade de lieutenant-colonel. En-
» fin, nous fûmes tous récompensés.
» Le duc désirait avoir la charge de
» colonel-général de cavalerie, on
» lui en promit la survivance. En
» conséquence, il se proposa de
» passer l'hyver à Badajoz, d'y
» exercer son régiment, et de con-
» naître à fond le service de cette
» arme. Quant au commandement
» de son petit corps, il le remit au

» commandant de la province, plus
» ancien lieutenant-général que lui.
» Chacun s'arrangea donc pour
» passer l'hyver à Badajoz. Madame
» de Val-Florida vint m'y joindre.
» Elle aimait le monde, et je me
» fis un plaisir d'ouvrir ma maison
» aux principaux officiers de l'armée.
» Mais le duc et moi, nous prenions
» peu de part au tumulte de la
» société. Des occupations sérieuses
» remplissaient tous nos momens. La
» vertu était l'idole du jeune Sidonia;
» le bien public, sa chimère. Nous
» faisions une étude particulière de
» la constitution de l'Espagne, et
» beaucoup de plans pour sa pros-
» périté future. Pour rendre les
» Espagnols heureux, nous voulions

« d'abord leur faire aimer la vertu,
» et ensuite les détacher de leur
» intérêt, ce qui nous paraissait
» très-facile. Nous voulions aussi
» ranimer l'antique esprit de che-
» valerie. Un Espagnol devait être
» aussi fidèle à son épouse qu'au
» roi, et chacun devait avoir un frère
» d'armes. Moi, j'étais déjà celui du
» duc. Nous n'étions pas éloignés
» de croire que le monde s'entre-
» tiendrait un jour de notre amitié,
« et qu'à notre exemple, les âmes hon-
» nêtes formant de semblables unions,
» trouveraient, à l'avenir, les chemins
» de la vertu plus faciles et plus
« sûrs. — Ma chère Éléonore, j'aurais
» honte de vous parler de ces folies,
» mais depuis long-temps on en a fait

» l'observation, les jeunes gens
» qui ont donné dans les travers de
» l'enthousiasme, peuvent ensuite de-
» venir des hommes utiles et grands.
» Au contraire, les jeunes catons, re-
» froidis encore par l'âge, ne peuvent
» plus s'élever au-dessus des stricts
» calculs de l'intérêt. Leur âme ré-
» trécit leur esprit, et les rend tout
» à fait incapables des conceptions
» qui constituent l'homme d'état, ou
» l'homme utile à ses semblables.
» Cette règle souffre peu d'excep-
» tions.

» Ainsi, livrant notre imagination
» à de vertueux écarts, le duc et
» moi nous espérions réaliser en Es-
» pagne les règnes de Saturne et de
» Rhée. Mais pendant ce temps-là

» Van-Berg y ramenait réellement l'âge
» d'or. Il avait vendu sa baronnie de
» Deulen à un fournisseur de l'armée,
» appelé Walser-Wandyk, et en avait
» tiré cent soixante mille piastres
» fortes, en espèces sonnantes. Alors il
» avait déclaré, et s'était engagé sur
» sa parole d'honneur, non-seulement
» de dépenser tout cet argent pen-
» dant les deux mois de notre quar-
» tier d'hiver, mais encore de faire
» dix mille piastres de dettes. Notre
» prodigue Flamand trouva ensuite
» que, pour satisfaire à sa parole, il
» lui fallait dépenser environ cinq
» mille cinq cents piastres par jour ;
» ce qui n'était pas très-facile dans
» une ville comme Badajoz. Il craignit
» de s'être avancé trop légèrement.

» On lui représenta qu'il pouvait em-
» ployer une partie de son argent à
» secourir les misérables et à faire des
» heureux ; mais Van-Berg rejeta cette
» idée. Il disait qu'il s'était engagé
» à dépenser et non pas à donner,
» et que sa délicatesse ne lui per-
» mettait point de détourner pour des
» bienfaits la moindre partie de cet
» argent. Son jeu même n'y pouvait
» entrer, car il avait la chance de
» gagner, et l'argent perdu n'était
» pas de l'argent dépensé.

» Un si cruel embarras parut affecter
« Van-Berg. Il eut, pendant quelques
» jours, l'air préoccupé. Enfin, il
» trouva un biais qui lui parut mettre
» son honneur à couvert : il rassem-
» bla tout ce qu'il put trouver de cui-

» siniers, de musiciens, de comédiens
» et d'autres personnes de profession
» joyeuse. Il donnait de grands repas
» le matin, bal et comédie le soir, et
» des jeux de cocagne devant la porte
» de son hôtel; et si, malgré tous
» ses soins, on n'avait pu dépenser
» les cinq mille cinq cents piastres,
» il faisait jeter le restant par la fe-
» nêtre, disant qu'une pareille action
» ne dérogeait point à la prodigalité.
» Lorsque Van-Berg eut ainsi
» mis sa conscience en repos, il
» reprit toute sa gaieté. Il avait
» beaucoup d'esprit naturel, et en
» mettait infiniment à défendre ses
» bizarres travers, sur lesquels on
» l'attaquait partout. Ce plaidoyer,
» auquel il s'était souvent exercé,

» donnait à sa conversation quelque
» chose de brillant, et le distin-
» guait, surtout, de nous autres
» Espagnols, qui avons tous beau-
» coup de réserve et de sérieux.

» Van-Berg venait souvent chez
» moi, aussi bien que tous les
» officiers de distinction; mais il
» venait aussi dans les momens où
» je n'y étais pas. Je le savais, et
» n'en pris point d'ombrage; j'ima-
» ginais qu'un excès de confiance
» lui persuadait qu'il était le bien-
» venu partout, et à toutes les
» heures. Le public fut plus clair-
» voyant; et des bruits injurieux
» à mon honneur, ne tardèrent pas
» à se répandre. Je les ignorais;
» mais le duc en était informé. Il

» savait combien j'étais attaché à
» mon épouse, et l'amitié qu'il
» avait pour moi, le faisait souffrir
» à ma place.

» Un matin le duc se rendit chez
» madame de Val-Florida, se jeta
» à ses genoux, la conjura de ne
» point oublier ses devoirs, et de
» ne plus admettre Van-Berg dans les
» momens où elle serait seule. Je
» ne sais trop ce qu'on lui répon-
» dit ; mais Van-Berg y passa la
» matinée, et, sans doute, fut in-
» formé des vertueuses exhortations
» qu'on avait faites à madame de
» Val-Florida.

» Le duc se rendit chez Van-
» Berg, avec l'intention de lui par-
» ler sur le même ton, et de le

» ramener à des sentimens plus con-
» formes à la vertu. Il ne le trouva
» point chez lui, et revint dans
» l'après-dînée. Sa chambre était
» remplie de monde. Mais Van-
» Berg était seul assis à une table
» de jeu, et remuant des dez dans
» un cornet. Je m'y trouvais aussi,
» et je causais avec le jeune Fon-
» sèque, beau-frère du duc, époux
» chéri d'une sœur que le duc
» chérissait.

» Sidonia aborda Van-Berg d'un
» ton amical, et lui demanda, en
» riant, des nouvelles de sa dé-
» pense.

» Van-Berg lui jeta un regard
» plein de courroux, et dit : « *Je*
» *fais de la dépense pour recevoir*

» mes amis, et non pas les mal-
» honnêtes gens qui se mêlent de
» ce qui ne les regarde pas.

» Est-ce moi (dit le duc) qu'on
» peut appeler un malhonnête hom-
» me? Van-Berg, rétractez ce pro-
» pos.

» Je ne me rétracte point (dit
» Van-Berg).

» Non (dit le duc). Vous avez
» sauvé mon honneur et celui de
» l'Espagne : mon bras se refuse
» à vous ôter la vie. » — Van-
» Berg prononça le mot de lâche.
» — Le duc lui jeta son gant au
» visage, en lui disant : *A ou-*
» *trance.*

» La salle était remplie des amis
» de Van-Berg, qui en avait réel-

» lement plus que nous. Il se fit
» une grande rumeur. Il était alors
» d'usage, dans les duels, d'avoir
» beaucoup de seconds, qui se
» battaient, entr'eux, pendant le
» combat des principaux adversaires,
» ou même après. Fonsèque et moi
» nous fûmes les deux seconds
» du duc, et nous eûmes chacun
» deux seconds. Van-Berg prit,
» de son côté, six Flamands. On
» alla sur les bords de la Gua-
» diana, dans une plaine très-pro-
» pre à ce genre de combat.

» Van-Berg reçut un coup mor-
» tel. Deux Flamands voulurent le
» venger; mais, selon l'usage établi,
» il fallait d'abord qu'ils nous eus-
» sent mis hors de combat, le duc,

» Fonsèque et moi. C'est ce qu'ils
» firent. Fonsèque fut tué, et je
» fus dangereusement blessé. Sido-
» nia tua nos deux adversaires, et
» ne reçut qu'une légère blessure.
» Les autres seconds se battirent
» entr'eux. Un seul resta en état
» de se mesurer avec le duc, qui
» le jeta sur le carreau. On enterra
» les uns; on porta les autres dans
» leur lit; et le duc, le seul qui
» fût en état de marcher, était le
» plus à plaindre. Il imaginait voir
» sa sœur chérie lui reprochant la
» mort de son époux; moi mou-
» rant : tout cela par zèle pour la
» réputation de mon épouse, qu'il
» avait à jamais perdue.

» Van-Berg était donc mort; et

» j'étais mourant. Je fus pourtant
» sauvé. Votre mère, en me soi-
» gnant, avait répandu beaucoup
» de larmes, que j'attribuais à l'in-
» térêt qu'elle prenait à mes jours.
» Mais, lorsque je fus guéri, ses
» larmes ne tarissaient point, et
» je ne savais plus à quoi les
» attribuer. J'ignorais aussi ce qui
» avait pu donner lieu à la que-
» relle du duc et de Van-Berg,
» et je le demandais à tout le
» monde. Enfin, quelqu'un de cha-
» ritable eut pitié de moi, et m'ins-
» truisit de tout ce que j'aurais
» voulu ignorer. — Je m'étais per-
» suadé, je ne sais sur quel fon-
» dement, que ma femme ne pou-
» vait aimer que moi. Je fus plu-

» sieurs jours avant de pouvoir me
» convaincre du contraire. Enfin,
» quelques circonstances m'ayant
» donné de nouvelles lumières, j'al-
» lai chez madame de Val-Florida,
» et je lui dis : *Madame, on m'é-
» crit que votre père est malade.
» Je crois qu'il serait convenable
» que vous fussiez auprès de lui.
» Votre fille, d'ailleurs, demande
» vos soins ; et c'est, je crois, en
» Asturies que vous devez vivre dé-
» sormais.* » — Madame de Val-
» Florida baissa les yeux, et reçut
» son arrêt avec résignation. Vous
» savez comment nous avons vécu
» depuis. Votre mère avait mille qua-
» lités estimables, et même des vertus
» auxquelles j'ai toujours rendu justice.

» La guerre recommença au prin-
» temps, et nous la fîmes en gens
» d'honneur; mais non plus avec le
» même cœur qu'auparavant. Nous
» avions ressenti les premières at-
» teintes du malheur. Le duc avait
» eu beaucoup d'estime pour le
» courage et les talens militaires
» de Van-Berg. Il se reprocha ce
» zèle outré pour mon repos, qu'il
» avait troublé d'une manière aussi
» cruelle. Il apprit qu'il ne suffi-
» sait pas de faire le bien, et qu'il
» fallait encore savoir le faire. Quant
» à moi, comme bien des époux,
» je renfermais mes douleurs, et je
» les ressentais encore plus vivement.
» Nous ne faisions plus de projets
» pour la prospérité de l'Espagne.

» Enfin, don Louis de Haro con-
» clut la fameuse paix des Pyré-
» nées. Le duc prit le parti de
» voyager. Nous vîmes ensemble
» l'Italie, la France, l'Angleterre.
» A notre retour, mon noble ami
» entra dans le conseil de Castille,
» et je fus fait rapporteur du même
» conseil.

» Les voyages, et quelques an-
» nées de plus, avaient mûri l'es-
» prit du duc. Non-seulement il
» était revenu des vertueux écarts
» de sa jeunesse, mais il avait ac-
» quis infiniment de prudence. Le
» bien public n'était plus sa chi-
» mère; il était encore sa passion;
» mais il savait qu'on ne peut le
» faire tout à la fois; qu'il faut y

» préparer les esprits, cacher soi-
» gneusement ses moyens et son
» but. Sa circonspection était telle,
» qu'il semblait, au conseil, n'avoir
» jamais un avis à lui, et suivre
» ceux des autres. C'était lui ce-
» pendant qui les avait inspirés.
» Le soin que le duc prenait de
» cacher ses talens, et d'en déro-
» ber la connaissance, ne servait
» qu'à les faire ressortir davantage.
» Les Espagnols le devinèrent, et
» l'aimèrent ; la cour en conçut de
» la jalousie. On offrit au duc
» l'ambassade de Lisbonne. Il vit
» bien qu'on ne lui permettrait pas
» de refuser ; il accepta, mais à
» condition que je serais secrétaire
» d'état. — Depuis, je ne l'ai plus

» vu ; mais nos cœurs sont restés
» unis. »

Fin de l'histoire du marquis de Val-Florida.

———

La duchesse de Sidonia, après m'avoir conté l'histoire de son père, fut ensuite plusieurs jours sans venir; et ce fut la Girona qui m'apporta ma corbeille. Elle m'apprit aussi que mon affaire était arrangée, grâce à mon grand-oncle le Théatin Fra-Bartholoméo Santez. Dans le fond, on était bien aise que je fusse échappé. Le décret du saint Office ne parlait que d'imprudence et d'une pénitence de deux ans. On ne m'avait même désigné que par les premières lettres de mon nom. La Girona me dit, de la part de ma tante Dalanosa, que j'eusse à me cacher pendant ces deux années, et qu'elle se rendrait à Madrid, où elle s'occuperait de faire rentrer les revenus de la quinta, c'est-à-dire, de la ferme qui m'était assignée.

Je demandai à la Girona si elle pensait que je dusse passer ces deux années dans le souterrain où j'étais. Elle me répondit que ce serait le plus sûr, et que d'ailleurs sa sûreté, à elle, demandait des précautions.

Le lendemain, ce fut la duchesse qui vint, et j'en fus charmé, parce que je l'aimais mieux que son altière nourrice. Je voulais aussi savoir la suite de son histoire. Je la lui demandai, et elle la reprit en ces termes :

Suite de l'histoire de la duchesse de Sidonia.

» Je remerciai mon père de la confiance qu'il m'avait témoignée en me faisant part des événemens les plus remarquables de sa vie. Et le vendredi suivant je lui remis encore la lettre du duc de Sidonia ; il ne me la lut point, non plus que toutes celles qu'il reçut depuis ; mais il me parlait souvent de son ami, et je voyais que nulle conversation ne pouvait autant l'intéresser.

» Quelque temps après, j'eus la visite d'une dame, veuve d'un officier.

Son père était né vassal du duc, et elle réclamait un fief relevant du duché de Sidonia. Il ne m'était jamais arrivé d'accorder ma protection ; je fus flattée de l'occasion qui s'en présentait. Je fis un mémoire où je déduisais les droits de la veuve avec beaucoup de précision et de clarté. Je le portai à mon père, qui en fut content et l'envoya au duc, comme je l'avais prévu. Le duc fit droit aux prétentions de la veuve, et m'écrivit une lettre toute remplie de complimens sur ma raison supérieure à mon âge. En effet, je ne négligeais rien pour cultiver mon esprit et ma raison. J'y étais aidée par les lumières de la Girona, qui en a infiniment. Deux années se passèrent ainsi

» J'avais seize ans, lorsqu'un jour, étant chez mon père, j'entendis du bruit dans la rue et comme les acclamations d'une foule attroupée. Je courus à la fenêtre. Je vis beaucoup de peuple en tumulte, et conduisant en triomphe un carrosse doré sur lequel je reconnus les armes de Sidonia.

» Une foule d'hidalgos et de pages se précipitèrent aux portières, et je vis sortir du carrosse un homme de la figure la plus avantageuse. Il était en habit castillan, que notre cour venait d'abandonner, c'est-à-dire, qu'il avait la fraise, le manteau court, le panache; et ce qui relevait encore la beauté de ce costume, c'était la toison enrichie de diamans, qui brillait sur

sa poitrine. « Ah! c'est lui (s'écria
» mon père)! je savais bien qu'il
» viendrait. » Je me retirai dans mon
appartement, et je ne vis le duc que
le lendemain. Mais ensuite je le vis
tous les jours, car il ne quittait pas
la maison de mon père.

» Le duc avait été rappelé pour
des affaires très-importantes. Il s'agissait de calmer une vive fermentation
que de nouveaux impôts avaient produite dans l'Aragon. Ce royaume a
des constitutions particulières, entre
autres celles des *Riccos-Hombres*, qui
répondaient autrefois à ce que la
Castille appelait *Grands*. Les Sidonia
étaient les plus anciens entre les
Riccos-Hombres; ce qui aurait suffi
au duc pour avoir une grande con-

sidération; mais il était chéri pour ses qualités personnelles. Le duc se rendit à Saragosse, et sut concilier les intérêts de la cour avec le vœu de la nation. On lui donna le choix d'une récompense ; il demanda la permission de respirer quelque temps l'air de sa patrie.

» Le duc ayant beaucoup de franchise dans le caractère, ne cachait point le plaisir qu'il trouvait à s'entretenir avec moi; et nous étions presque toujours ensemble, tandis que les autres amis de mon père décidaient des affaires de l'Etat. Sidonia m'avoua son penchant à la jalousie, et quelquefois même à la violence. En général, il me parlait presque toujours de lui-même ou de

moi. Et lorsque ce genre de conversation s'établit entre un homme et une femme, les rapports ne tardent pas à devenir plus intimes. Je n'éprouvai donc pas une grande surprise lorsqu'un jour mon père m'appela dans son cabinet, et m'apprit que le duc me demandait en mariage. — Je lui répondis que je ne lui demandais point de temps pour réfléchir, parce que prévoyant que le duc pourrait porter un vif intérêt à la fille de son ami, j'avais à l'avance réfléchi sur son caractère et sur la différence de nos âges. « Mais (ajou-
» tai-je) les grands en Espagne se
» marient entr'eux. De quel œil ver-
» ront-ils notre union ? Ils pourraient
» aller jusqu'à refuser de tutoyer le

» duc; ce qui est le premier signe
» de leur malveillance.

» C'est (me dit mon père) une
» objection que j'ai faite au duc. Il
» m'a répondu qu'il voulait seule-
» ment avoir votre consentement, et
» que le reste était son affaire.

» Sidonia n'était pas loin. Il parut
avec un air timide qui contrastait
avec sa fierté naturelle. J'en fus
touchée; et mon consentement ne se
fit pas beaucoup attendre. Je fis ainsi
deux heureux, car mon père l'était
au-delà de ce que je puis vous dire.
La Girona était folle de joie.

» Le lendemain, le duc fit inviter à
dîner tous les grands qui se trouvaient
à Madrid. Lorsqu'ils furent rassemblés,
il les fit asseoir et leur tint ce discours:

« D'Albe, je m'adresse à toi, te
» regardant comme le premier d'entre
» nous; non pas que ta maison soit
» plus illustre que la mienne, mais
» par respect pour le héros dont tu
» portes le nom.

» Un préjugé qui nous honore,
» veut que nous choisissions nos
» épouses parmi les filles des grands;
» et sûrement je mépriserais celui
» d'entre nous qui se mésallierait par
» amour pour les richesses ou bien
» entraîné dans quelque penchant li-
» cencieux.

» Le cas que je vous propose est
» bien différent. Vous savez que les
» Asturiens se disent *nobles comme*
» *le roi et un peu davantage.* Quel-
» qu'exagérée que soit cette expres-

» sion, leurs titres étant pour la
» plupart antérieurs aux Mores, ils
» ont le droit de se regarder comme
» les meilleurs gentilshommes de l'Eu-
» rope.

» Eh bien, le plus pur sang des
» Asturies coule dans les veines
» d'Eléonore de Val-Florida! Elle
» y réunit les plus rares vertus.
» Je soutiens qu'une pareille alliance
» ne peut qu'honorer la maison d'un
» grand d'Espagne. Si quelqu'un est
» d'un avis différent, qu'il relève ce
» gant que je jette au milieu de l'as-
» semblée.

» Je le relève (dit le duc d'Albe),
» mais c'est pour te le rendre, et
» pour te faire mon compliment sur
» une union aussi belle. » — Ensuite

il l'embrassa, et tous les grands en firent autant. Mon père, en me rendant compte de cette scène, me dit d'un air assez triste : « Voilà mon » ancien Sidonia avec sa chevalerie; » ma chère Eléonore, garde-toi de » l'offenser. »

» Je vous ai avoué que j'avais dans le caractère quelque disposition à l'orgueil; mais cet amour altier des grandeurs me quitta sitôt qu'il fut satisfait. Je devins Duchesse de Sidonia, et mon cœur se remplit des sentimens les plus doux. Le duc était, dans son intérieur, le plus aimable des mortels, parce qu'il en était le plus aimant. Il avait une bonté constante, une bienveillance inépuisable, une tendresse de tous les momens, et son âme angélique se peignait dans tous ses traits. Quelquefois seulement, s'ils étaient altérés par quelque mouvement sévère, ils prenaient un caractère effrayant et me faisaient frissonner. Mais peu de chose avait le pouvoir de fâcher Sidonia, et tout en moi pouvait le rendre heureux. Il aimait à me voir agir, à m'entendre parler. Il devinait mes moindres pensées. Je crus qu'il ne pouvait m'aimer davantage; mais la naissance d'une fille accrut encore son amour et mit le comble à notre bonheur.

» Le jour que je fus relevée de couches, la Girona me dit : « Ma » chère Eléonore, vous êtes femme, » mere heureuse ; vous n'avez plus

» besoin de moi, et mon devoir
» m'appelle en Amérique. » — Je
voulus la retenir. « Non (me dit-
» elle), ma présence y est néces-
» saire. »

» La Girona partit, et emporta
avec elle tout ce que j'avais eu jusqu'alors de bonheur. Je vous ai dé-
peint cette courte époque de félicité
céleste, qui ne pouvait durer, parce
qu'apparemment tant de biens ne sont
pas faits pour cette vie. Je n'ai pas
aujourd'hui la force de vous raconter
mes infortunes. Adieu, jeune ami,
vous me reverrez demain. »

Le récit de la jeune duchesse
m'avait beaucoup intéressé; je désirais
en savoir la suite, et apprendre comment tant de félicité avait pu se chan-

ger en des malheurs affreux. Tout en y rêvant, je songeais aussi au propos de la Girona, qui pensait que je dusse rester deux ans dans le caveau; ce n'était nullement mon compte, et je préparai des moyens d'évasion. La duchesse m'apporta mes provisions. Elle avait les yeux rouges, et paraissait avoir beaucoup pleuré. Elle me dit pourtant qu'elle se croyait assez de force pour me faire l'histoire de ses malheurs, et elle continua en ces termes :

« Je vous ai dit que la Girona avait eu près de moi l'emploi de duegna-major : j'eus à sa place une certaine doña Menzia, femme de trente ans, encore assez belle, dont l'esprit n'était pas sans quelque culture; ce qui lui mérita d'être quelquefois admise dans notre société. Dans ces momens-là, elle se conduisait comme si elle eût été amoureuse de mon mari. Je ne faisais qu'en rire, et lui n'y faisait aucune attention. D'ailleurs la Menzia cherchait à me plaire; surtout à me connaître. Souvent elle mettait la conversation sur des sujets assez gais, ou bien elle m'entretenait des affaires de la ville, et plus d'une fois je fus obligée de lui imposer silence.

» J'avais nourri ma fille, et j'eus le bonheur de la sevrer avant les événemens dont il me reste à vous entretenir. Mon premier malheur fut la mort de mon père. Attaqué d'une maladie aiguë et violente, il expira dans mes bras, me bénissant et prévoyant peu tout ce qui nous allait arriver. — Il y eut des révoltes en Biscaye. Le duc y fut envoyé, et je l'accompagnai jusqu'à Burgos. Nous avons des terres dans toutes les provinces de l'Espagne et des maisons dans presque toutes les villes; mais les Sidonia n'avaient à Burgos qu'une maison de plaisance située à une lieue de la ville, et c'est celle où vous êtes aujourd'hui. Le duc m'y laissa avec toute sa suite, et partit pour sa destination. Un jour, en rentrant chez moi, je trouvai du bruit dans ma cour; on me dit qu'on avait trouvé un voleur, qu'on l'avait assommé d'un coup de pierre à la tête, mais que c'était un jeune homme si beau, qu'il ne s'était jamais rien vu de pareil. — Quelques valets l'apportèrent à mes pieds, et je reconnus Hermosito.

« Oh ciel (m'écriai-je)! ce n'est » point un voleur, c'est un jeune » homme d'Astorgas, élevé chez mon » grand-père. » — Puis me tournant du côté du majordome, je lui dis de le prendre chez lui, et d'en avoir le plus grand soin. Je crois même avoir dit qu'il était fils de la Girona, mais je ne me le rapelle pas très-bien.

» Le lendemain, dona Menzia me dit que le jeune homme avait la fièvre, et que dans le délire il parlait beaucoup de moi, en termes très-passionnés. — Je répondis à la Menzia que si elle continuait à me tenir de pareils propos, je la ferais chasser. — Nous verrons (me répliqua-t-elle). Je lui ordonnai de ne plus paraître devant moi.

» Le lendemain, elle fit demander sa grâce, vint se jeter à mes pieds, et je lui pardonnai. — Huit jours après, comme j'étais seule, je vis entrer la Menzia soutenant Hermosito, dont la faiblesse paraissait extrême. « Vous m'avez ordonné de « venir (me dit-il d'une voix » éteinte). »

» Je regardai la Menzia d'un air surpris, mais je ne voulais pas faire de la peine au fils de la Girona, et je lui fis approcher une chaise à quelques pas de moi. « Mon cher » Hermosito (lui dis-je), votre mère,

» n'a jamais prononcé votre nom
» devant moi : je désire savoir ce
» qui vous est arrivé depuis notre
» séparation. — Hermosito avait de
la peine à parler; cependant il fit
un effort, et s'exprima en ces termes:
« Lorsque je vis notre navire à
» la voile, je perdis tout espoir
» de regagner le rivage de ma
» patrie, et je déplorai la sévé-
» rité que ma mère avait mise à
» me bannir, sans pouvoir en com-
» prendre les motifs. On m'avait dit
» que j'étais votre serviteur, et je
» vous servais avec tout le zèle dont
» j'étais capable : je ne vous avais
» jamais désobéi. Pourquoi (me disais-
» je) me chasser comme si j'eusse
» commis les fautes les plus graves?

» Plus j'y pensais, et moins je
» pouvais le comprendre.

» Le cinquième jour de notre na-
» vigation, nous nous trouvâmes au
» milieu de l'escadre de don Fer-
» nand-Arudez. On nous cria de passer
» à l'arrière du vaisseau amiral, sur
» un balcon doré et pavoisé de
» mille couleurs. Je vis don Fer-
» nand, richement décoré des chaînes
» de plusieurs ordres. Les officiers
» l'entouraient avec l'air du respect;
» il avait un porte-voix à la main :
» il nous fit plusieurs questions sur
» nos rencontres en mer, et puis
» nous ordonna de faire route. Lors-
» que nous eûmes passé, le capitaine
» me dit : *Voilà un marquis, et*
» *pourtant il a commencé comme*

» *ce mousse qui balaye la ca-*
» *bane.* »

» Comme Hermosito en était à cet endroit de sa narration, il jeta plusieurs fois les yeux sur la Menzia avec un air d'embarras. Je crus comprendre qu'il craignait de s'expliquer devant elle et je dis à cette fille de sortir; je ne consultais en cela que mon amitié pour la Girona, et l'idée d'être soupçonnée ne me vint point à l'esprit. Lorsque la Menzia fut sortie, Hermosito continua en ces termes :

« Je crois, Madame, qu'en puisant
» ma première nourriture aux mêmes
» sources que vous, il s'est formé
» en moi une âme sympathique, qui
» ne peut penser qu'à vous et par
» vous, et qui vous rapporte tout

» ce qui la touche. Le capitaine me
» dit que don Fernand était devenu
» marquis, ayant commencé par être
» mousse. Je me rappelai que vous
» étiez marquise : il me parut que
» rien n'était plus beau que de de-
» venir marquis, et je demandai
» comment s'y était pris don Fer-
» nand. Le capitaine m'expliqua
» qu'il avait monté de grade en
» grade, en se distinguant par des
» actions éclatantes. Dès ce moment
» je résolus de me faire matelot, et
» je m'exerçai à monter dans les ma-
» nœuvres. Le capitaine qui s'était
» chargé de moi, s'y opposa tant
» qu'il put; mais je lui résistai, et
» j'étais déjà assez bon marin, lorsque
» nous arrivâmes à la Véra-Cruz.

» Mon père avait sa maison sur
» le bord de la mer. Nous y allâmes
» en chaloupe : mon père me reçut
» entouré d'une troupe de jeunes
» filles mulâtres, qu'il me fit em-
» brasser les unes après les autres.
» Elles dansèrent, m'agacèrent de
» cent façons, et la soirée se passa
» à faire mille folies.

» Le lendemain, le corrégidor de
» la Véra-Cruz fit dire à mon père,
» que lorsqu'on avait une maison
» montée comme la sienne, on ne
» gardait pas son fils chez soi, et
» qu'il eût à m'envoyer au collége
» des Théatins. Mon père obéit,
» quoiqu'à regret.

» Je trouvai au collége un père
» recteur qui, pour nous encourager

» à l'étude, nous disait souvent que
» le marquis de Campo-Salez, alors
» second secrétaire d'état, avait aussi
» commencé à n'être qu'un pauvre
» étudiant, et qu'il ne devait sa
» fortune qu'à son application. Voyant
» qu'on pouvait aussi devenir mar-
» quis par cette voie, j'étudiai
» pendant deux ans avec beaucoup
» d'ardeur.

» Le corrégidor de la Véra-Cruz
» fut changé; son successeur avait
» des principes moins rigides. Mon
» père, crut pouvoir hasarder de
» me reprendre chez lui. — Je me
» trouvai de nouveau exposé à la
» pétulance des jeunes mulâtres, que
» mon père encourageait de mille
» manières. Ces folies étaient loin

» de me plaire. Cependant elles
» m'avertirent de mille choses que
» j'avais ignorées jusqu'alors, et je
» compris, enfin, pourquoi l'on m'a-
» vait éloigné d'Astorgas.

» Alors aussi se fit en moi la plus
» funeste révolution. Des sentimens
» nouveaux se développant en mon
» âme, y réveillèrent le souvenir des
» jeux de mon premier âge, l'idée
» de ce bonheur que j'avais perdu;
» des jardins d'Astorgas où je cou-
» rais avec vous, la mémoire con-
» fuse de mille témoignages de votre
» bonté; trop d'ennemis à la fois,
» vinrent assiéger ma faible raison,
» elle n'y put résister, non plus que
» ma santé. Les médecins dirent
» que j'avais une fièvre lente. Quant

» à moi, je ne me croyais point
» malade; mais le désordre de mes
» sens en vint au point, que sou-
» vent je croyais voir des objets
» qui n'étaient point devant mes
» yeux, et qui n'avaient aucune réa-
» lité. C'était vous, Madame, que
» mes visions présentait le plus sou-
» vent à mon imagination égarée,
» non telle que vous êtes aujour-
» d'hui, mais telle à peu près que
» je vous avais quittée. La nuit,
» m'éveillant en sursaut, vous me
» sembliez percer l'ombre, et m'ap-
» paraître brillante et radieuse. Si
» je sortais, les bruits dans la cam-
» pagne me semblaient répéter votre
» nom. — Quelquefois, il me pa-
» raissait que aviez traversé la plaine

» devant mes yeux. Et si je les
» levais vers le ciel, pour lui de-
» mander la fin de mon tourment,
» je voyais encore votre image em-
» preinte dans les airs.

» J'avais observé que je souffrais
» moins dans une église, et surtout
» que la prière me donnait du soula-
» gement. Je finis par passer des
» journées entières dans ces asyles
» de la dévotion. Un religieux, blan-
» chi dans les exercices de la pé-
» nitence, m'aborda un jour, et me
» dit : *O mon fils! ton âme est*
» *pleine d'un immense amour qui*
» *n'est point fait pour ce monde.*
» *Viens dans ma cellule, je te mon-*
» *trerai les chemins du paradis.* —
» Je le suivis : je vis chez lui des

» cilices, des haires, et d'autres ins-
» trumens de martyre qui ne m'ef-
» frayèrent pas beaucoup. Ce que
» je souffrais était bien une autre
» peine. Le religieux me lut quel-
» ques passages de la vie des saints.
» Je lui demandai la permission
» d'emporter le livre, et j'y lus
» toute la nuit. Ma tête se remplit
» d'idées toutes nouvelles ; je vis en
« songe les cieux ouverts, et des
» anges qui, véritablement, vous
» ressemblaient tous un peu.

» On sut alors, à la Véra-Cruz,
» votre mariage avec le duc de
» Sidonia. Depuis long-temps je
» nourrissais l'idée de me consacrer
» à la vie religieuse. Je mettais
» ma félicité à prier jour et nuit

» pour votre bonheur dans ce
» monde, et votre salut dans l'autre.
» Mon pieux instituteur me dit que
» le relâchement était grand dans
» les couvens de l'Amérique, et
» qu'il me conseillait de faire mon
» noviciat dans un couvent de Ma-
» drid.

» J'annonçai ma résolution à mon
» père. Il avait toujours vu ma dé-
» votion avec déplaisir ; mais n'osant
» pas m'en détourner ouvertement,
» il me pria d'attendre au moins
» ma mère, qui devait arriver dans
» peu. Je lui dis que je n'avais
» plus de parens sur la terre, et
» que le ciel était ma famille. Il
» n'eut rien à me répondre. En-
» suite, j'allai chez le corrégidor,

» qui loua mon dessein, et me fit
» embarquer sur le premier vais-
» seau. En arrivant à Bilbao, j'ap-
» pris que ma mère s'était embar-
» quée pour l'Amérique. Mes lettres
» d'obédience étaient pour Madrid;
» j'en pris le chemin. En passant à
» Burgos, je sus que vous habitiez
» dans les environs de cette ville.
» Je voulus vous voir encore une
» fois avant de quitter le monde.
» Il me semblait qu'après vous avoir
» vue, je prierais pour votre salut
» avec plus de ferveur.

» Je pris donc le chemin de
» votre maison de plaisance. J'en-
» trai dans la première cour, et je
» me proposai d'y chercher quel-
» que ancien domestique, de ceux

» que vous aviez à Astorgas; car
» je savais qu'ils vous avaient sui-
» vie. Je voulais me faire connaître
» au premier qui passerait, et le
» prier de me placer de manière à
» ce que je pusse vous voir, lors-
» que vous monteriez en carrosse;
» car je voulais vous voir, et non
» pas me présenter à vous.

» Il ne passa que des inconnus,
» et je commençai à me trouver
» embarrassé de ma personne. J'en-
» trai dans une chambre absolu-
» ment vide. Ensuite je crus voir
» passer quelqu'un de connaissance.
» Je sortis, et je fus renversé d'un
» coup de pierre...... Mais je vois,
» Madame, que mon récit vous a
» fait une vive impression..... »

« Je puis vous assurer, me dit la duchesse, que le pieux délire d'Hermosito ne m'avait inspiré que de la pitié. Mais lorsqu'il avait parlé des jardins d'Astorgas, des jeux de mon enfance, le souvenir du passé, l'idée de mon bonheur présent, une crainte subite de l'avenir, je ne sais quel sentiment doux et mélancolique avait oppressé mon cœur, et je me sentis baignée de mes larmes.

» Hermosito se leva, et je crois qu'il voulut baiser le bas de ma robe; ses genoux ployèrent sous lui; sa tête tomba sur les miens, et ses bras m'enlacèrent avec beaucoup de force. Dans cet instant je jetai les yeux sur une glace : j'y vis la Menzia avec le duc; mais les traits de celui-ci avaient une expression de fureur tellement effrayante, qu'on avait de la peine à le reconnaître. — Mes sens furent glacés d'horreur. Je levai les yeux sur la même glace, et je ne vis plus rien. Je me débarrassai des bras d'Hermosito; j'appelai, la Menzia vint. Je lui ordonnai de prendre soin de ce jeune homme, et je passai dans un cabinet. La vision que j'avais eue me donnait beaucoup d'inquiétude; mais on m'assura que le duc était absent.

» Le lendemain je fis demander des nouvelles d'Hermosito; on me dit qu'il n'était plus chez moi. — Trois jours après, comme j'étais prête à m'aller coucher, la Menzia me remit une lettre du duc. Elle ne contenait que ces mots :

« Faites tout ce qui vous sera » prescrit par dona Menzia : je vous » l'ordonne, moi votre époux et » votre juge. »

« Menzia attacha un mouchoir sur mes yeux. Je sentis qu'on me saisissait les bras, et je fus conduite dans ce souterrain. — J'entendis des bruits de chaînes. On ôta mon bandeau ; je vis Hermosito attaché, par le cou, au poteau où vous êtes appuyé. Ses yeux étaient éteints, et sa pâleur extrême.

« Est-ce vous (me dit-il d'une » voix mourante), j'ai peine à vous » parler ; on ne me donne point

» d'eau ; ma langue est collée à » mon palais ; mon martyre ne sera » pas long : si je vais au ciel, j'y » parlerai de vous. » — Comme Hermosito disait ces mots, un coup de feu, qui partit de la fente que vous voyez à ce mur, lui cassa le bras. Il s'écria : « Mon Dieu ! par- » donnez à mes bourreaux. » — Un second coup de feu partit du même endroit. Mais j'ignore quel en fut l'effet, car je perdis toute connaissance.

» Lorsque je retrouvai l'usage de mes sens, j'étais au milieu de mes femmes, qui me parurent n'être instruites de rien ; seulement elles me dirent que la Menzia avait quitté la maison. Dans la matinée, un écuyer vint de la part de mon époux. Il me dit que le duc était parti pour la France, chargé d'une commission secrète, et ne serait de retour que dans quelques mois. Ainsi livrée à moi-même, je rappelai mon courage; j'abandonnai ma cause au juge suprême, et je donnai tous mes soins à ma fille.

» Au bout de trois mois, je vis arriver la Girona : elle était revenue d'Amérique, et avait déjà été chercher son fils à Madrid, dans le couvent où il devait faire son noviciat. Ne l'y ayant point trouvé, elle était allée à Bilbao, et avait suivi les traces d'Hermosito jusqu'à Burgos. Craignant de tristes éclats, je lui dis une partie de la vérité.

Elle sut m'arracher le reste. — Vous savez que le caractère de cette femme est dur et violent. La fureur, la rage, et tous les sentimens affreux qui peuvent déchirer le cœur, s'emparèrent du sien. J'étais moi-même trop malheureuse pour pouvoir soulager ses peines.

» Un jour la Girona faisant quelques changemens dans sa chambre, découvrit une porte cachée par la tapisserie, et pénétra jusqu'au caveau. Elle y reconnut le poteau dont je lui avais parlé. Il était encore teint de sang. Elle vint chez moi dans un état voisin de l'égarement. Depuis lors elle se renfermait souvent dans sa chambre, ou plutôt je crois qu'elle descendait dans le funeste souterrain, et méditait ses vengeances.

» Un mois après, l'on m'annonça l'arrivée du duc. Il entra d'un air calme et composé, fit quelques caresses à ma fille; puis il me fit asseoir, et se plaça près de moi. « Ma-
» dame (me dit-il), j'ai beaucoup
» réfléchi à la conduite que j'ai à
» tenir avec vous. Je n'en chan-
» gerai point. Vous serez, dans la
» maison, servie avec autant de res-
» pect, et vous recevrez, en appa-
» rence, de moi, les mêmes témoi-
» gnages d'estime. Ceci durera jus-
» qu'au jour où votre fille aura
» seize ans.....

» Et quand ma fille aura seize
» ans, que m'arrivera-t-il (deman-

» dai-je au duc) ? » — En cet instant la Girona vint apporter du chocolat. J'eus l'idée qu'il était empoisonné. Mais le duc, reprenant aussitôt la parole, me dit : « Le
» jour que votre fille aura seize
» ans, je lui dirai : Ma fille, vos
» traits me rappellent ceux d'une
» femme, dont je vais vous conter
» l'histoire. Elle était belle, et son
» âme paraissait plus belle encore;
» mais ses vertus étaient feintes.
» A force d'en contrefaire les ap-
» parences, elle parvint à faire le
» plus grand mariage de l'Espagne.
» Un jour, son mari dut s'éloigner
» d'elle pour quelques semaines.
» Aussitôt elle fit venir de sa
» province un petit misérable. Ils

» se rappelèrent d'anciennes amours,
» et tombèrent dans les bras l'un
» de l'autre. Ma fille, cette exé-
» crable hypocrite, la voilà, c'est
» votre mère. — Ensuite, je vous
» bannirai de ma présence, et vous
» irez pleurer sur le tombeau d'une
» mère qui ne valait pas mieux
» que vous. » — L'injustice avait
tellement endurci mon âme, que cet
affreux discours ne me fit pas une
très-grande impression. Je pris ma
fille dans mes bras, et je passai dans
un cabinet.

» Malheureusement j'oubliai le chocolat. Le duc, ainsi que je l'ai su
depuis, n'avait rien mangé de deux
jours. La tasse était devant lui; il
la vida jusqu'à la dernière goutte.

Ensuite il passa dans son appartement. Au bout d'une demi-heure, il ordonna qu'on fît chercher le docteur Sangro-Moreno, et, qu'excepté lui, on ne fît entrer personne. — On alla chez le docteur; il était parti pour une maison de campagne où il faisait ses dissections. On y courut : il n'y était plus. On le chercha chez toutes ses pratiques. Il ne vint qu'au bout de trois heures, et trouva le duc expiré.

» Sangro-Moreno examina le corps avec beaucoup d'attention; il regarda aux ongles, aux yeux, à la langue; il fit apporter de chez lui plusieurs flacons, et en fit je ne sais quel usage. Ensuite il vint chez moi, et me dit : « Madame, soyez sûre que

» le duc est mort par les effets d'un
» détestable et savant mélange de
» résine narcotique avec un métal cor-
» rosif. Je n'exerce point un minis-
» tère de sang, et je laisse au grand
» juge de là haut le soin de dévoiler
» les crimes. Je vais publier que le
» duc est mort d'apoplexie. » —
D'autres médecins vinrent ensuite,
et s'en tinrent à l'avis de Sangro-Moreno.

» Je fis venir la Girona, et je lui rapportai le discours du docteur; son trouble la trahit. « Vous avez (lui
» dis-je) empoisonné mon mari;
» comment une Chrétienne se rend-
» elle coupable d'un pareil crime?

» Je suis Chrétienne (me dit-elle),
» mais je fus mère; si l'on égorgeait

» votre enfant, vous deviendriez
» peut-être plus cruelle que la lionne
» en furie. » — Je n'eus rien à lui
répondre. Je lui observai pourtant
qu'elle aurait pu m'empoisonner au
lieu du duc. « Non (me répondit-
» elle), j'avais l'œil au trou de la
» serrure, et si vous aviez touché
» la tasse je serais entrée à l'instant. »

» Ensuite les Capucins vinrent demander le corps du duc, et comme ils exhibèrent un ordre de l'archevêque, on ne put le leur refuser. — La Girona, qui jusqu'alors avait montré beaucoup d'intrépidité, parut tout à coup inquiète et craintive; elle eut peur qu'en embaumant le corps, on ne vînt à découvrir les traces du poison. Elle fut poursuivie par cette idée jusqu'à faire craindre qu'elle n'altérât sa raison. Ses instances me forcèrent à l'enlèvement qui nous a procuré l'honneur de vous posséder chez nous. Le discours emphatique que j'ai tenu dans le cimetière était fait à dessein de tromper mes gens. Lorsque nous avons vu que c'était vous qu'on avait apporté, il a fallu les tromper encore ; et c'est un autre corps qu'on a enterré dans la chapelle du jardin.

» Malgré toutes ces précautions, la Girona n'est point tranquille ; elle parle de retourner en Amérique, et veut vous retenir jusqu'à ce qu'elle ait pris un parti. Pour moi, je suis sans crainte ; si jamais je suis interrogée, je dirai toute la vérité. J'en ai prévenu la Girona. L'injustice du duc et sa cruauté lui avaient ôté ma tendresse, et je n'eusse jamais pu me résoudre à vivre avec lui. J'ai mis mon bonheur dans ma fille, et ne suis point inquiette de son sort : vingt grandesses sont accumulées sur sa tête; c'est assez pour qu'elle soit bien reçue dans une famille. — Voilà, mon jeune ami, ce que vous avez voulu savoir. La Girona n'ignore point que je vous raconte toute notre histoire; elle trouve qu'il ne faut pas vous laisser instruit à moitié. — Mais l'air de ce caveau est étouffant; je vais là haut respirer avec plus de liberté. »

Fin de l'histoire de la duchesse de Médina-Sidonia.

La duchesse ayant fini le récit de sa lamentable histoire, sortit du caveau, disant, comme on l'a vu, qu'elle y étouffait. Lorsqu'elle fut partie, je jetai les yeux autour de moi, et je trouvai réellement que ce séjour avait quelque chose d'étouffant. Le tombeau du jeune martyr et le poteau où on l'avait attaché me parurent un ameublement assez triste. Je m'étais plu dans cette prison tant que j'avais craint la junte des Théatins; mais mon affaire étant arrangée, je commençai à m'y déplaire. Je ris de la confiance de la Girona, qui prétendait m'y retenir deux ans. Les deux dames savaient très-peu leur métier de geolières. Elles laissaient ouverte la porte de leur caveau, croyant peut-être que la grille qui m'en séparait était un obstacle insurmontable. Cependant j'avais fait non-seulement le plan de mon évasion, mais encore celui de toute ma conduite pendant les deux années que devait durer ma pénitence. Je vais expliquer les idées que j'avais là-dessus.

Pendant tout mon séjour au collége des Théatins, j'avais souvent réfléchi au bonheur dont me paraissaient jouir quelques petits mendians qui se tenaient à la porte de notre église. Leur sort me semblait bien préférable au mien. En effet, tandis que je pâlissais sur des livres, et sans pouvoir jamais contenter entièrement mes maîtres, ces heureux enfans de la misère couraient les rues, jouaient aux cartes sur le marbre du perron, et payaient en châtaignes. Ils se battaient sans qu'on les séparât ; ils se salissaient sans qu'on les obligeât de se laver ; ils se déshabillaient dans la rue et lavaient leur chemise dans le ruisseau : pouvait-on passer le temps d'une manière plus agréable ? — Ces idées sur le bonheur dont jouissaient ces petits gueux me revinrent dans ma prison ; et, réfléchissant sur le meilleur parti que j'avais à prendre, il me parut que c'était d'embrasser l'état de mendiant pour tout le temps que devait durer ma pénitence. J'avais, il est vrai, reçu une éducation qui eût pu me trahir par un langage plus poli que celui de mes collègues ; mais j'espérais prendre aisément leur ton et leurs manières, et revenir ensuite aux miennes. Ce parti était singulier ; mais, au fond, le meilleur que je pusse prendre dans la situation où je me trouvais.

Ce point une fois résolu, je cassai la lame d'un couteau, et me mis à travailler après un des barreaux de la grille. Il me fallut cinq jours pour le dégager. Je recueillais soigneusement les débris de la pierre, et je les remettais près du barreau, en sorte qu'il n'y paraissait pas.

Le jour où mon ouvrage fut achevé, la Girona m'apporta ma corbeille. Je lui demandai si elle ne craignait pas qu'on vînt à savoir qu'elle nourrissait un jeune homme dans la cave de sa maison. « Non

» (me répondit-elle), la trappe par où
» vous êtes descendu, donne dans un
» pavillon séparé; celui dans lequel
» on vous a déposé. J'en ai fait
» murer la porte, sous prétexte
» qu'il rappelait à la duchesse de
» tristes souvenirs ; et le passage
» par lequel nous venons, aboutit à
» ma chambre à coucher : l'entrée
» en est couverte par une tapis-
» serie. — J'espère (lui dis-je), qu'il
» y a là quelque bonne porte de fer?

» Non (me répondit-elle), la porte
» est assez légère, mais elle est bien
» cachée. D'ailleurs, je ferme tou-
» jours la porte de ma chambre. »
— En disant cela, la Girona parut
vouloir s'en aller, « Pourquoi vous
» en aller déjà (lui demandai-je). »

» C'est (me répondit-elle), parce que la duchesse va sortir. Elle a fini aujourd'hui les premières six semaines de son deuil, et veut s'aller promener. »

J'avais appris tout ce qu'il m'importait de savoir, et je ne retins plus la Girona, qui s'en alla encore sans fermer la porte du caveau. J'écrivis en hâte à la duchesse une lettre d'excuse et de remercîmens, et je la posai sur la grille. Ensuite je dégageai le barreau, et j'entrai dans le caveau des deux dames; puis dans un passage obscur, qui aboutissait à une porte que je trouvai fermée. J'entendis le bruit d'une voiture et de plusieurs chevaux; j'en conclus que la duchesse était sortie, et que la nourrice n'était pas chez elle. — Je me mis en devoir de rompre la porte. Elle était à moitié pourrie, et céda à mes premiers efforts. Je me trouvai alors dans la chambre de la nourrice, et sachant qu'elle en fermait la porte avec soin, je crus pouvoir m'y arrêter avec sûreté.

Je vis ma figure dans une glace, et je trouvai que mon extérieur ne répondait pas assez à l'état que j'allais embrasser. Je pris un charbon dans une brasière, et je m'en servis à modérer l'éclat de mon teint, ensuite je déchirai un peu ma chemise et mon habit, puis je m'approchai de la fenêtre. Elle donnait dans un petit jardin, favorisé jadis par la présence de ses maîtres; mais qui paraissait tout à fait abandonné. J'ouvris la fenêtre, et je n'en vis aucune qui donnât du même côté. Elle n'était pas non plus très-haute, et j'eusse pu sauter dans le jardin; mais j'aimai mieux me servir des draps de la Girona. Ensuite la charpente d'une ancienne charmille me donna les moyens de grimper sur le mur, d'où je pris mon élan dans la campagne, ravi de respirer l'air des champs, et plus encore, d'être défait des Théatins, des inquisiteurs, des duchesses et de leurs nourrices.

Je vis de loin la ville de Burgos, mais je pris la route opposée. J'arrivai à un cabaret borgne. Je montrai à l'hôtesse une pièce de vingt réaux, que j'avais soigneusement enveloppée dans du papier, et je lui dis que je voulais dépenser tout cet argent chez elle. Elle se mit à rire, et me donna du pain et des oignons pour le double de cette somme. J'avais quelque argent, mais je craignais de le montrer. J'allai donc à l'écurie, et j'y dormis comme on dort à seize ans.

J'arrivai à Madrid, sans qu'il me survînt rien qui vaille la peine d'être raconté. J'y entrai à la chute du jour; je sus retrouver la maison de ma tante, et je laisse à juger le plaisir qu'elle eut à me revoir. Mais je ne restai qu'un moment, dans la crainte de me trahir. Je traversai tout Madrid, je vins au Prado; je m'y couchai à terre et m'endormis.

Dès qu'il fut jour, je me mis à parcourir les rues et les places, pour choisir celles où je voulais principalement exercer ma profession. En passant par la rue de Tolède, je rencontrai une servante qui portait une bouteille d'encre. Je lui demandai si elle ne venait point de chez le seigneur Avadoro. « Non » (me répondit-elle), je viens de » chez don Phelippe Tintero largo. » — Je vis donc que mon père était toujours connu par le même surnom, et qu'il s'occupait des mêmes choses.

Cependant il fallait songer à un établissement. Je vis sous le portail de Saint-Roch, quelques gueux de mon âge, dont la physionomie me prévint en leur faveur. J'allai à eux, et leur dis que j'étais un garçon de la province; que j'étais venu à Madrid pour me recommander aux âmes charitables : que cependant il me restait encore une petite poignée de réaux; et que, s'ils avaient une caisse commune, j'y déposerais volontiers ce trésor. — Ce début prévint en ma faveur. Ils me dirent qu'ils avaient véritablement une caisse commune, mise sous la garde d'une vendeuse de châtaignes, établie au bout de la rue. Ils m'y conduisirent, et puis nous revînmes au portail, où nous nous mîmes à jouer au tarocs. Tandis que nous étions occupés de ce jeu, qui demande assez d'attention, un homme bien mis parut

nous examiner, regardant tantôt l'un de nous, tantôt l'autre. Ensuite paraissant se décider pour moi, il m'appela, et m'ordonna de le suivre. Il me conduisit dans une rue écartée, et me dit : « Mon enfant, je t'ai
» donné la préférence sur tes ca-
» marades, parce que ta figure an-
» nonce plus d'esprit, et qu'il en
» faut pour la commission dont je
» veux te charger. Voici de quoi il
» est question. Il va passer ici bien
» des femmes, qui seront toutes en
» jupe de velours noir et mantille
» noire garnie de dentelles qui leur
» cache si bien le visage, qu'il est
» impossible de les reconnaître. Mais
» heureusement, les dessins des ve-
» lours et des dentelles n'étant point

» les mêmes, on a quelques moyens
» de suivre la trace de ces belles
» inconnues. Je suis l'amant aimé
» d'une jeune personne qui me
» semble avoir quelque penchant à
» l'inconstance. J'ai résolu de m'en
» assurer. Voici deux échantillons
» de velours, et deux de dentelles.
» S'il passe deux femmes dont les
» habits y répondent, tu observeras
» si elles entrent dans cette église,
» ou bien dans la maison vis-à-vis,
» qui est celle du chevalier de Tolède.
» Et puis, tu viendras m'en rendre
» compte chez le marchand de *bé-*
» *vandes* au bout de la rue. Voici
» une pièce d'or, tu en recevras
» une seconde, si tu t'acquittes bien
» de ma commission. » — Tandis

que cet homme me parlait, je l'avais examiné avec beaucoup d'attention. Il me parut qu'il n'avait point l'air d'un amant; mais bien plutôt d'un mari. Les fureurs du duc de Sidonia me revinrent à l'esprit; je me fis un scrupule de sacrifier les intérêts de l'amour aux noirs soupçons de l'hymen. Je me résolus donc à ne faire que la moitié de ma commission, c'est-à-dire, que si les deux dames entraient dans l'église, je me proposais de l'aller dire au jaloux; mais que si elles allaient ailleurs, j'irais au contraire les avertir du danger dont elles étaient menacées. Je retournai auprès de mes camarades, je leur dis de continuer à jouer sans faire attention à moi; puis je me couchai derrière eux, ayant sous les yeux les échantillons de velours et de dentelles.

Bientôt un grand nombre de femmes arriva par couples, et enfin deux qui portaient réellement sur elles les étoffes dont j'avais les échantillons. Les deux femmes firent mine d'entrer dans l'église ; mais elles s'arrêtèrent sous le portail, regardèrent autour d'elles pour voir si on les suivait, et puis elles traversèrent la rue aussi vite qu'elles purent, et entrèrent dans la maison vis-à-vis. Je les atteignis comme elles étaient encore sur l'escalier ; je leur montrai les échantillons, et leur fis part de mes instructions. Puis je leur dis : « Mesdames, en-

» trez réellement dans l'église; j'irai
» chercher l'amant prétendu, qui,
» sans doute, est l'époux de l'une
» de vous deux. Lorsqu'il vous
» aura vues, probablement il s'en
» ira; alors vous pourrez vous-
» mêmes aller où bon vous sem-
» blera. » — Les deux dames goû-
tèrent ce conseil; j'allai dans la
boutique des *bévandes*, et je dis
à mon homme que les deux dames
étaient réellement entrées dans l'é-
glise. Nous y allâmes ensemble. Je
lui montrai les deux jupes de velours conformes aux échantillons,
aussi bien que les dentelles. Il paraissait douter encore; mais une
des deux dames se retourna, relevant son voile avec un air de né-

gligence. Aussitôt une satisfaction conjugale se peignit dans les traits du jaloux; bientôt il se mêla dans la foule, et sortit de l'église. Je le joignis dans la rue; il me remercia, et me donna encore une pièce d'or. J'eus quelque conscience de l'accepter; mais je craignis de me trahir. — Je le suivis des yeux; puis j'allai chercher les deux dames, et je les reconduisis jusqu'à la maison du chevalier. La plus jolie voulut me donner une pièce d'or. « Non, » Madame (lui dis-je), j'ai trahi » votre amant prétendu, parce qu'en » lui j'ai bien reconnu le mari, et » ma conscience m'y obligeait; mais » je l'ai trop délicate pour me faire » payer des deux côtés. »

Je revins au portail de Saint-Roch, et j'y montrai les deux pièces d'or. Mes camarades en furent éblouis. Souvent ils s'étaient chargés de commissions pareilles ; mais on ne les avait jamais aussi généreusement payés. J'allai porter cet or à la caisse commune. Mes camarades me suivirent pour voir l'étonnement de la marchande, qui, réellement, fut émerveillée à la vue de cet or. Elle déclara que, non-seulement, elle nous donnerait des châtaignes tant que nous voudrions, mais qu'elle se fournirait de petites saucisses, et de tout ce qu'il fallait pour les griller. L'espoir d'une chair aussi délicieuse, répandit la joie dans notre troupe ; mais je n'y pris point de part, et je me proposai de chercher une meilleure cuisine. Cependant nous nous fournîmes de châtaignes ; nous retournâmes au portail de Saint-Roch. On soupa; chacun s'enveloppa dans son manteau, et ne tarda pas à s'endormir.

Le lendemain, l'une des dames de la veille vint m'aborder, et me remit un billet, me priant de le porter chez le chevalier. J'y allai, et je remis le billet à son valet de chambre. Bientôt après je fus moi-même introduit.

L'extérieur du chevalier de Tolède me prévint fort en sa faveur; et je compris aisément que les dames ne devaient pas le voir avec indifférence. C'était un jeune homme de la figure la plus agréable. Il n'avait pas besoin de rire pour que la gaieté se peignît dans tous ses traits; elle y était comme empreinte. Avec cela, je ne sais quelle grâce accompagnait tous ses mouvemens. Seulement on démêlait, dans ses manières, quelque chose de libertin et de léger, qui eût pu lui faire du tort auprès des femmes, si chacune d'elles ne se croyait faite pour fixer les plus volages.

« Mon ami (me dit le chevalier),
» je connais déjà ton intelligence et
» ta délicatesse : veux-tu entrer à
» mon service ?

» Cela m'est impossible (lui ré-
» pondis-je); je suis né gentilhomme,
» et je ne puis embrasser une con-

» dition servile. Je me suis fait men-
» diant, parce que c'est un état qui
» ne déroge point.

» Bravo (répondit le chevalier)!
» Voilà des sentimens dignes d'un
» Castillan. Mais, mon ami, que
» puis-je donc faire pour ton ser-
» vice?

» Monsieur le chevalier (lui dis-
» je), j'aime ma profession, parce
» qu'elle est honorable, et parce
» qu'elle me fait vivre; mais on y
» fait bien mauvaise chair : vous
» m'obligeriez donc en me permet-
» tant de venir manger avec vos
» gens, et de partager votre des-
» serte.

» Très-volontiers (dit le cheva-
» lier); les jours où j'attends des

» femmes, je renvoie, d'ordinaire,
» mes gens; et, si ta noblesse le
» permettait, j'aimerais assez que tu
» vinsses me servir dans ces occa-
» sions-là.

» Monsieur (lui répondis-je),
» lorsque vous serez avec votre maî-
» tresse, j'aurai l'honneur de venir
» vous servir; car le plaisir que je
» trouverai à vous être utile, ennoblira
» cette action à mes propres yeux. »
— Ensuite, je pris congé du chevalier, et j'allai dans la rue de Tolède. Je demandai la maison du seigneur Avadoro. Personne ne sut me répondre; ensuite je demandai don Phelippe Tintero. — On me montra un balcon, où je vis un homme d'un extérieur très-grave,

qui fumait une cigare, et semblait compter les tuiles du palais d'Albe. Il me parut extraordinaire que la nature eût donné tant de gravité au père, et si peu au fils. Il me semblait qu'elle eût mieux fait d'en donner un peu à chacun. Mais ensuite je fis réflexion qu'il fallait, comme on dit, louer Dieu de toute chose. Je retournai près de mes camarades. Nous allâmes essayer les saucisses de la marchande, et j'y pris tant de goût, que j'oubliai la desserte du chevalier.

Sur le soir, je vis les deux dames entrer chez lui. Elles y restèrent assez long-temps. J'y allai pour voir si l'on aurait besoin de moi. Mais les dames en sortaient.

Je fis, à la plus jolie, un compliment un peu équivoque, dont elle me paya par un coup d'éventail sur la joue.

L'instant d'après, je fus abordé par un jeune homme d'un extérieur imposant, que relevait encore la croix de Malte, brodée sur son manteau; le reste de son habillement annonçait un voyageur. Il me demanda où logeait le chevalier de Tolède. J'offris de le conduire. Nous ne trouvâmes personne dans l'antichambre; j'ouvris la porte, et j'entrai avec lui. La surprise du chevalier de Tolède fut extrême. « Que » vois-je (s'écria-t-il)! Toi, mon » cher Aguilar? — A Madrid? que » je suis heureux! — Que fait-on à

» Malte ? Que fait le grand-prieur,
» le grand-bailli, le maître des
» novices ? Que je t'embrasse donc. »
— Le chevalier d'Aguilar répondait
à toutes ces amitiés avec la même
tendresse ; mais avec beaucoup de
sérieux.

Je jugeai que les deux amis seraient bien aises de souper ensemble.
Je trouvai dans l'antichambre de
quoi couvrir la table, et j'allai
chercher le souper. Lorsqu'il fut
servi, le chevalier de Tolède m'ordonna de demander à son somme-
lier, des bouteilles de vin de France,
mousseux. Je les apportai, et j'en
fis sauter les bouchons.

Pendant ce temps là, les deux
amis s'étaient dit bien des choses,

rappelé bien des souvenirs. Tolède, en cet instant, prenait la parole, et dit : « Je ne conçois
» pas, mon ami, comment, étant
» de caractères si opposés, nous
» pouvons nous aimer autant. Tu
» possèdes toutes les vertus ; eh
» bien, je t'aime comme si tu étais
» le plus mauvais sujet du monde ;
» cela est si vrai, que je n'ai fait
» encore aucune liaison à Madrid,
» et tu es toujours mon seul ami.
» — Mais, à dire le vrai, je ne suis
» pas tout à fait aussi constant en
» amour.

» As-tu (dit Aguilar) toujours
» les mêmes principes à l'égard des
» femmes ?

— » Les mêmes principes ? Non,

» pas tout à fait. Autrefois je faisais
» succéder mes maîtresses, les unes
» aux autres, aussi rapidement que
» je le pouvais ; mais j'ai trouvé que,
» de cette manière, on perdait beau-
» coup de temps. A présent, je
» commence une nouvelle liaison
» avant que l'autre soit finie, et
» j'en ai déjà une troisième en
» vue.

— » Ainsi, tu ne comptes jamais
» renoncer à ton libertinage ?

— » Ma foi non ; je crains plu-
» tôt que ce ne soit lui qui me
» quitte.

— » Notre ordre est militaire ;
» mais il est aussi religieux : nous
» faisons des vœux comme les moines
» et les prêtres.

— » Sans doute ; et comme les
» femmes, quand elles promettent
» d'être fidèles à leurs maris.

— » Peut-être en seront-elles pu-
» nies dans un autre monde.

— » Mon ami, j'ai toute la foi
» qu'un chrétien doit avoir ; mais
» il y a nécessairement, dans tout
» cela, quelque mal entendu. Com-
» ment diable veux-tu que la femme
» de l'Oydor Uscarifz, qui vient de
» passer une heure chez moi, aille,
» pour cela, brûler pendant une
» éternité.

— » La religion nous enseigne
» qu'il est des lieux d'expiation.

— » Tu veux parler du pur-
» gatoire? oh! pour celui-là, j'y ai
» passé : c'est le temps que j'aimais

» cette peste de Navarra, la créa-
» ture la plus fantasque, la plus
» exigeante ; aussi j'ai renoncé aux
» femmes de théâtre. Mais, mon ami,
» tu ne manges ni ne bois..... J'ai
» vidé ma bouteille et ton verre est
» toujours plein. A quoi penses-tu?
» Mais à quoi penses-tu donc?

— » Je pensais que j'avais vu le
» soleil aujourd'hui.

— » Ah! pour cela, je le crois ;
» car moi, qui te parle, je l'ai vu
» tout de même.

— » Je pensais aussi que je vou-
» drais bien le voir demain.

— » Mais tu le verras, à moins
» qu'il n'y ait du brouillard.

— » Cela n'est pas bien sûr, car
» je pourrais mourir cette nuit.

— » Il faut convenir que tu nous
» apportes de Malte des propos de
» table tout à fait réjouissans.

— » Hélas! on est sûr de mou-
» rir, mais l'heure en est incer-
» taine.

— » Ecoute donc, de qui tiens-tu
» toutes ces agréables nouveautés?
» Ce doit être quelque mortel d'un
» commerce très-amusant? L'invite-
» t-on souvent à souper?

— » Point du tout; c'est mon
» confesseur qui m'a dit cela ce
» matin.

— » Et quoi, tu arrives à Ma-
» drid, et tu te confesses le même
» jour! Mais tu es donc venu pour
» te battre?

— » C'est cela même.

— » A la bonne heure ; aussi
» bien y a-t-il long-temps que
» je n'ai féraillé ; je serai ton se-
» cond.

— » Voilà précisément ce qui ne
» peut être ; tu es le seul homme
» au monde que je ne puisse pas
» prendre pour second.

— » Juste ciel ! tu as recom-
» mencé ta maudite querelle avec mon
» frère ?

— » C'est cela même ; le duc
» de Lerme n'a point voulu con-
» sentir aux réparations que j'exi-
» geais. Nous nous battrons cette nuit
» aux flambeaux, sur les bords du
» Mançanarez, au-dessous du grand
» pont.

— » Bon Dieu, faudra-t-il,

» ce soir, perdre un frère ou un
» ami !

— » Peut-être l'un et l'autre.
» Nous aurons un combat à outrance;
» au lieu d'épées, de courtes dagues
» et le poignard dans la main gauche.
» Tu sais que ce sont des armes
» cruelles. »

» Tolède dont l'âme sensible cédait à toutes les impressions, passa dans un instant de la gaieté la plus vive au plus extrême désespoir. « J'ai
» prévu ta douleur (lui dit Aguilar),
» et je ne voulais point te voir, mais
» une voix du ciel s'est fait entendre
» en moi, et m'ordonne de te parler
» des peines d'une autre vie.

— » Ah ! mon ami, laisse là ma
» conversion !

— » Je ne suis qu'un soldat; je ne
« sais point prêcher, mais j'obéis à la
» voix du ciel. »

» En ce moment, nous entendîmes sonner onze heures. Aguilar embrassa son ami, et puis il lui dit : « Tolède, écoute-moi ; un
» secret pressentiment m'avertit que
» je périrai, mais je veux que ma
» mort soit utile à ton salut. Je
» veux retarder le combat jusqu'à
» minuit. Sois alors bien attentif.
» S'il est possible aux morts de se
» faire entendre des vivans, sois
» assuré que ton ami te donnera
» des nouvelles d'un autre monde.
» Mais sois bien attentif à minuit,
» c'est l'heure des apparitions. » —
Ensuite Aguilar embrassa son ami et

partit. Tolède se jeta sur son lit et versa bien des larmes, et moi je me retirai dans l'antichambre, laissant cependant la porte ouverte, pour voir ce qui arriverait à minuit.

Tolède se levait, regardait à sa montre et puis il retournait à son lit et pleurait. La nuit était orageuse; la lueur de quelques éclairs lointains brillait à travers les ais de nos volets. L'orage se rapprocha et ses terreurs ajoutèrent à la tristesse de notre situation. — Minuit sonna, et nous entendîmes frapper trois coups contre notre volet.

Tolède ouvrit le volet, et dit :
« Es-tu mort ?
» Je suis mort, répondit une voix
» sépulcrale.

» Y a-t-il un purgatoire, s'écria
» Tolède?

» Il y a un purgatoire, et j'y suis
» déjà, répondit la même voix. »
Et puis nous entendîmes comme un
gémissement douloureux.

Tolède tomba prosterné, le front
dans la poussière. Ensuite il se
leva, prit son manteau et sortit.
Je le suivis. Nous enfilâmes le chemin du Mançanarez; mais nous n'étions pas encore au grand pont,
que nous vîmes une troupe de gens
dont quelques-uns portaient des
flambeaux. Tolède reconnut son frère.
« Ne vas pas plus loin (lui dit le
» duc de Lerme), tu rencontrerais
» le corps de ton ami..... » Tolède
s'évanouit. Je le vis entouré des

siens et je repris le chemin du portail. Lorsque j'y fus, je me mis à réfléchir sur ce que nous avions entendu. Le père Sanudo m'avait toujours dit qu'il y avait un purgatoire, je ne fus donc point surpris de me l'entendre dire encore ; toute cette scène ne me fit pas une grande impression, et je dormis aussi bien que de coutume sous le portail de Saint-Roch.

Le lendemain, le premier homme qui entra dans l'église fut le chevalier de Tolède, mais si pâle et si défait, qu'on avait de la peine à le reconnaître. Il fit sa prière et demanda un confesseur.

Le chevalier avait apparemment laissé beaucoup de péchés s'accumuler sur sa conscience, car il resta long-temps au confessionnal. Il le quitta baigné de larmes et donnant des marques de la plus parfaite contrition. Il m'aperçut et me fit signe de le suivre.

Il était très-grand matin, les rues étaient encore désertes. Le chevalier prit les premières mules de louage que nous rencontrâmes, et nous sortîmes de la ville. Je lui représentai que ses gens concevraient de l'inquiétude d'une trop longue absence. « Non, » me répondit-il, ils sont prévenus et » ne m'attendront pas.

» Monsieur le chevalier, lui dis-je » alors, permettez-moi de vous faire » une observation : la voix que nous » avons entendue hier nous a dit

» une chose que vous eussiez tout
» aussi bien trouvée dans votre caté-
» chisme ; vous vous êtes confessé, et
» sans doute on ne vous a point
» refusé l'absolution ; mettez quel-
» que réforme dans votre conduite,
» mais ne vous affectez pas comme
» vous le faites.

» Ah ! mon ami, me dit le cheva-
» lier, quand une fois l'on a entendu
» la voix des morts, on n'a pas long-
» temps à rester parmi les vivans. »
— Je compris alors que mon jeune patron croyait bientôt mourir, et qu'il s'était affecté de cette idée ; j'en eus pitié, et je pris la résolution de ne le point quitter.

Nous entrâmes dans un chemin peu fréquenté, qui traversait une contrée assez sauvage et nous conduisit à la porte d'un couvent de Camaldules. Le chevalier paya ses muletiers, puis il sonna. Un moine parut. Le chevalier se fit connaître et demanda la permission de faire une retraite de quelques semaines.

On nous conduisit dans un hermitage situé au bout du jardin; et l'on nous fit entendre par signes qu'une cloche annoncerait l'heure du réfectoire. Notre cellule était fournie de livres de dévotion, dont la lecture devint la seule occupation du chevalier. Quant à moi, je trouvai un Camaldule qui pêchait à la ligne; je me joignis à lui, et ce fut mon seul amusement.

Le silence, qui fait partie de la règle

des Camaldules, ne me déplut pas trop le premier jour; mais, dès le troisième, il m'était devenu insupportable. Pour ce qui est du chevalier, sa mélancolie augmentait tous les jours.

Nous étions dans ce couvent depuis huit jours, lorsque j'y vis arriver un de mes camarades du portail Saint-Roch. Il nous avait vu monter sur nos mules de louage, puis, ayant rencontré le même muletier, il avait su de lui le lieu de notre retraite. Il m'apprit que le chagrin de m'avoir perdu avait en partie dispersé la petite troupe; et que lui s'était mis au service d'un négociant de Cadix, malade à Madrid. Ce jeune homme ayant eu par accident les bras et les jambes cassés, avait besoin de monde pour le servir.

Je lui dis que je ne pouvais plus me supporter chez les Camaldules, et je le priai de prendre ma place auprès du chevalier, seulement pour quelques jours.

Il me répondit qu'il le ferait volontiers, mais qu'il craignait de manquer au négociant de Cadix qui l'avait pris à son service. On l'avait engagé sous le portail de Saint-Roch, et s'il manquait à ses engagemens, il pourrait faire du tort aux garçons qui s'y rassemblaient.

Je lui répliquai que je pouvais prendre sa place auprès du jeune malade. J'avais su prendre de l'autorité sur mes petits compagnons, et celui-ci ne crut pas devoir me résister. Je le menai chez le chevalier, et le présentai comme devant me remplacer pendant quelques jours. Le chevalier, qui ne parlait point, me fit comprendre par signes, qu'il consentait à l'échange.

J'allai donc à Madrid, et je me rendis aussitôt à l'auberge que m'avait indiqué mon camarade, mais je trouvai qu'on avait transféré le malade chez un médecin dans la rue d'Alcantara. Je n'eus pas de peine à le trouver. Je dis que j'étais venu à la place de mon petit camarade Chiquito; que je m'appellais Avarito; enfin, que je rendrais les mêmes services, et avec la même fidélité.

On me répondit que mes services

seraient acceptés, mais qu'il fallait tout de suite que j'allasse dormir, parce que j'aurais à veiller le malade pendant plusieurs nuits de suite. Je dormis donc, et le soir je me présentai pour entrer en fonction. On me conduisit chez le malade, que je trouvai dans une situation fort gênante, ayant tous les membres assujettis à cause des fractures; il ne pouvait faire usage que de sa main gauche, et ressentait de grandes douleurs dans les autres membres, qu'il avait eu brisés. J'essayai de lui faire oublier ses souffrances, en l'occupant et le distrayant. Je fis si bien, qu'il consentit à me raconter son histoire; ce qu'il fit en ces termes :

HISTOIRE DE LOPE-SOAREZ.

» Je suis le fils unique de Gaspard-Soarez, le plus riche négociant de Cadix. Mon père, dont l'humeur est naturellement austère et rigide, exigeait que je ne fusse occupé que des affaires du comptoir, et ne permettait point que je prisse part aux amusemens auxquels se livrent les fils des premières maisons de Cadix. Désirant lui complaire en tout, je fréquentais peu le spectacle, et le dimanche je n'étais pas de ces brillantes parties de plaisir, qui plaisent tant dans les villes de commerce, et en rendent le séjour agréable.

» Cependant, comme l'esprit a

besoin de délassement, j'en cherchai dans la lecture de ces livres amusans, mais dangereux, connus sous le nom de romans. Le goût que j'y pris me donna beaucoup de disposition à la tendresse. Mais comme je sortais peu, et qu'il ne venait pas de femmes chez nous, je n'avais pas d'occasion de disposer de mon cœur. Mon père se trouva avoir des affaires en cour, et crut que ce serait une bonne occasion de me faire voir Madrid. Il m'annonça ses intentions; je fus loin de m'y opposer. J'étais charmé de pouvoir respirer un air plus libre, hors des grilles du comptoir, et de la poussière des magasins.

» Lorsqu'on eut fait tous les préparatifs de mon voyage, mon père me fit venir dans son cabinet et me tint ce discours :

« Vous allez dans un pays où les
» négocians ne jouent point, comme
» à Cadix, le premier rôle; et ils
» ont besoin d'une conduite très-
» grave et très-décente, pour n'y
» point voir ravaler un état qui les
» honore, puisqu'il contribue puis-
» samment à la prospérité de leur
» patrie, ainsi qu'à la force réelle
» du monarque.

» Voici donc trois préceptes que
» vous observerez fidèlement, sous
» peine d'encourir mon indignation.

» Premièrement, je vous ordonne
» d'éviter la conversation des nobles;
» ils croyent nous honorer, lorsqu'ils

» nous adressent la parole, et nous
» disent quelques mots. Il ne faut point
» les laisser dans cette erreur, puisque
» notre gloire est tout à fait indé-
» pendante de ce qu'ils peuvent nous
» dire.

» Secondement, je vous ordonne
» de vous faire appeler Soarez tout
» court, et non pas don Lope-
» Soarez. Les titres n'ajoutent rien
» à la gloire d'un négociant ; elle
» consiste toute entière dans l'é-
» tendue de ses relations, et la
» sagesse de ses entreprises.

» Troisièmement, je vous défends de
» jamais tirer l'épée. L'usage le vou-
» lant, je consens à ce que vous
» en portiez une. Mais vous devez
» vous rappeler que l'honneur d'un

» négociant consiste tout entier
» dans son exactitude à remplir ses
» engagemens. Aussi, n'ai-je jamais
» voulu que vous prissiez une seule
» leçon d'escrime.

» Si vous contreveniez à quel-
» qu'un de ces trois points, vous
» encourreriez par-là même mon in-
» dignation. Mais il en est un qua-
» trième, dans lequel vous devez
» aussi m'obéir, sous peine d'en-
» courir, non-seulement mon indi-
» gnation, mais encore ma malé-
» diction, celle de mon père, et
» celle de mon grand-père, qui est
» votre bisaïeul, et le premier au-
» teur de notre fortune. Ce point
» est de n'avoir jamais de commu-
» nication directe, ni indirecte, avec

» la maison des frères Moro, ban-
» quiers de la cour.

» Les frères Moro jouissent, à
» juste titre, de la réputation des
» plus honnêtes gens du monde,
» et cette défense de ma part a
» droit de vous surprendre. Mais
» votre surprise cessera, lorsque
» vous saurez les griefs que notre
» maison a contre eux ; c'est pourquoi
» je veux, en peu de mots, vous
» faire notre histoire.

» L'auteur de notre fortune fut
» Inigo Soarez, qui, après avoir passé
» sa jeunesse à courir les mers,
» prit ensuite une part considérable
» dans l'*apalte* des mines du Potosi,
» et fonda une maison de com-
» merce à Cadix. En conséquence

» de quoi, il rechercha l'amitié des
» principaux négocians de l'Espagne.
» Les Moro jouaient dès-lors un
» grand rôle. Mon aïeul les informa
» de l'intention où il était de former
» avec eux des relations suivies. Il
» obtint leur consentement, et pour
» entrer en affaire, il fit des fonds
» à Anvers, en tirant sur eux à
» Madrid. Mais quelle ne fut pas
» son indignation, lorsque sa traite
» lui fut renvoyée avec un protêt.
» Par la poste suivante, il reçut, il
» est vrai, une lettre remplie d'ex-
» cuses. Rodrigue Moro lui mandait
» s'être trouvé à Saint-Ildephonse
» auprès du ministre, et que la
» lettre d'avis ayant été retardée,
» son premier commis n'avait pas

» cru devoir s'écarter de la règle
» du comptoir. Que cependant, il
» n'y avait pas de réparations aux-
» quelles il ne se prêtât. Mais l'of-
» fense était faite, Inigo Soarez
» rompit tout commerce avec les
» Moro, et en mourant il recom-
» manda à son fils de n'avoir jamais
» aucune relation avec eux.

» Ruyz Soarez, mon père,
» obéit long-temps au sien ; mais
» de grandes banqueroutes, qui di-
» minuèrent inopinément le nombre
» des maisons de commerce, le for-
» cèrent, pour ainsi dire, d'avoir
» recours aux Moro. Il eut tout lieu
» de s'en repentir. Je vous ai dit
» que nous avions une grande part
» à l'*apalte* des mines du Potosi.

» Cette circonstance mettant entre
» nos mains beaucoup de lingots,
» nous avions l'habitude de les em-
» ployer à nos paiemens, qui, par-là,
» n'éprouvaient point les variations
» du change. A cet effet, nous
» avions des caisses en bois de cè-
» dre, qui contenaient chacune cent
» livres d'argent, soit deux mille
« sept cent cinquante-sept piastres
» fortes et six réaux. Vous avez
» encore pu voir quelques-unes de
» ces caisses au magasin ; elles
» étaient garnies en fer, et munies
» de cachets de plomb à la marque
» de notre maison : chaque caisse
» avait son numéro. Elles allaien
» aux Indes, revenaient en Europe,
» retournaient en Amérique, sans

» que personne songeât à les ouvrir,
» et chacun les recevait en paiement
» avec le plus grand plaisir. Elles sont
» fort connues à Madrid même. Ce-
» pendant quelqu'un ayant à faire
» un paiement à la maison Moro,
» y porta quatre de ces caisses, et
» le chef du comptoir, non-seule-
» ment les fit ouvrir, mais fit essayer
» l'argent. Lorsque la nouvelle de
» procédé injurieux parvint à Ca-
» dix, mon père en conçut la plus
» vive indignation. A la vérité, par
» la poste suivante, il reçut une
» lettre d'Antoine Moro, fils de Ro-
» drigue. La lettre était remplie
» d'excuses; Rodrigue alléguait qu'il
» avait été mandé à Valladolid, où
» se tenait la cour, qu'à son retour

» il avait désapprouvé la conduite
» de son premier commis, qui, étant
» étranger, ne connaissait pas les
» usages de l'Espagne. Mon père
» ne se contenta point de ces ex-
» cuses; il rompit tout commerce
» avec les Moro; et en mourant,
» il me recommanda de n'avoir
» jamais de relation avec eux.

» Long-temps j'obéis à cet ordre,
» et je m'en trouvai bien. Enfin,
» des circonstances particulières me
» réunirent avec les Moro; j'oubliai,
» ou plutôt je n'eus pas toujours
» assez présentes les dernières leçons
» de mon père, et vous verrez ce
» qui m'en arriva.

» Quelques affaires en cour m'o-
» bligèrent d'aller à Madrid; j'y fis

» connaissance avec un certain Li-
» vardez, négociant retiré, et vi-
» vant de ses capitaux, qui étaient
» considérables. Cet homme avait
» dans le caractère quelque chose
» qui convenait au mien. Notre
» liaison était déjà très-avancée,
» lorsque j'appris que Livardez
» était oncle de Sanche-Moro,
« alors chef de cette maison.

» J'aurais dû rompre tout de
» suite avec Livardez. Je ne le fis
» point; tout au contraire, ma
» liaison avec lui devint plus étroite.
» Un jour Livardez me dit que,
» sachant avec quelle intelligence je
» faisais le commerce des Philip-
» pines, il voulait y mettre un
» million, à titre de commandite.

» Je lui représentai qu'étant oncle
» des Moro, il devait plutôt leur
» confier ses fonds. *Non, me ré-*
» *pondit-il, je n'aime point avoir*
» *des affaires d'intérêt avec mes*
» *proches.* — Enfin, il sut me per-
» suader, et il eut d'autant moins
» de peine, que, véritablement, je
» n'entrais, par là, dans aucune
» relation avec les frères Moro.
» De retour à Cadix, j'ajoutai un
» navire aux deux autres, que
» j'envoyais tous les ans aux Phi-
» lippines, et puis je n'y pensai
» plus.

» L'année suivante, le pauvre
» Livardez mourut; et Sanche-Moro
» m'écrivit que son oncle ayant
» placé un million chez moi, il me

» priait de le lui renvoyer. Peut-
» être aurai-je dû l'informer de nos
» conditions et de la commandite ;
» mais je ne voulais avoir aucune
» relation avec cette maison mau-
» dite, et je renvoyai simplement
» le million. Mes vaisseaux revin-
» rent au bout de deux ans, et
» mon capital avait triplé. Il reve-
» nait donc encore deux millions
» au défunt Livardez. Il fallut bien
» alors entrer en correspondance
» avec les Moro. Je leur écrivis
» que j'avais deux millions à leur
» remettre. Ils me répondirent que
» le capital avait été encaissé
» deux ans auparavant, et que
» c'était une affaire dont ils ne
» voulaient plus entendre parler.

» Vous jugez bien, mon fils, que
» je ne pus qu'être sensible à un
» affront aussi sanglant ; car c'é-
» tait absolument vouloir me faire
» présent de deux millions. J'en
» parlai à quelques négocians de
» Cadix. Ils me dirent que les
» Moro avaient raison, et qu'on ne
» pouvait avoir part aux profits
» d'un capital encaissé. Moi, je
» m'offrais à prouver que le capital
» de Livardez était réellement sur
» les vaisseaux, et que s'ils eussent
» péri, j'avais droit à me faire
» rendre le million. Mais je vis
» bien que le nom Moro en impo-
» sait ; et que si j'avais demandé
» une junte de négocians, leur *pa-*
» *reré* m'eût été défavorable.

» Je consultai un avocat. Il me dit
» que les Moro ayant retiré ce capital
» sans la permission de leur oncle
» qui était mort, et moi l'ayant em-
» ployé selon l'intention dudit oncle,
» ledit capital était encore réellement
» chez moi, et que le million en-
» caissé par les Moro était un million
» tout différent, qui ne pouvait avoir
» aucun rapport avec celui de Li-
» yardez. Mon avocat me conseilla
» d'assigner les Moro à l'audience de
» Séville. Je le fis. Je plaidai pen-
» dant six ans; il m'en couta six
» cent mille piastres. Malgré tout
» cela, je perdis mon procès, et les
» deux millions me sont restés.

» J'eus d'abord envie d'en faire
» quelque fondation pieuse, mais je

» craignis que le mérite n'en retombât
» en partie sur ces maudits Moro.
» Je ne sais encore ce que je ferai
» de cet argent. En attendant, quand
» je fais mon bilan général, je mets
» dans mon actif deux millions de
» moins. Vous voyez donc, mon fils,
» que j'ai des motifs suffisans pour
» vous défendre toute relation avec
» les Moro. »

FIN DU SECOND VOLUME.

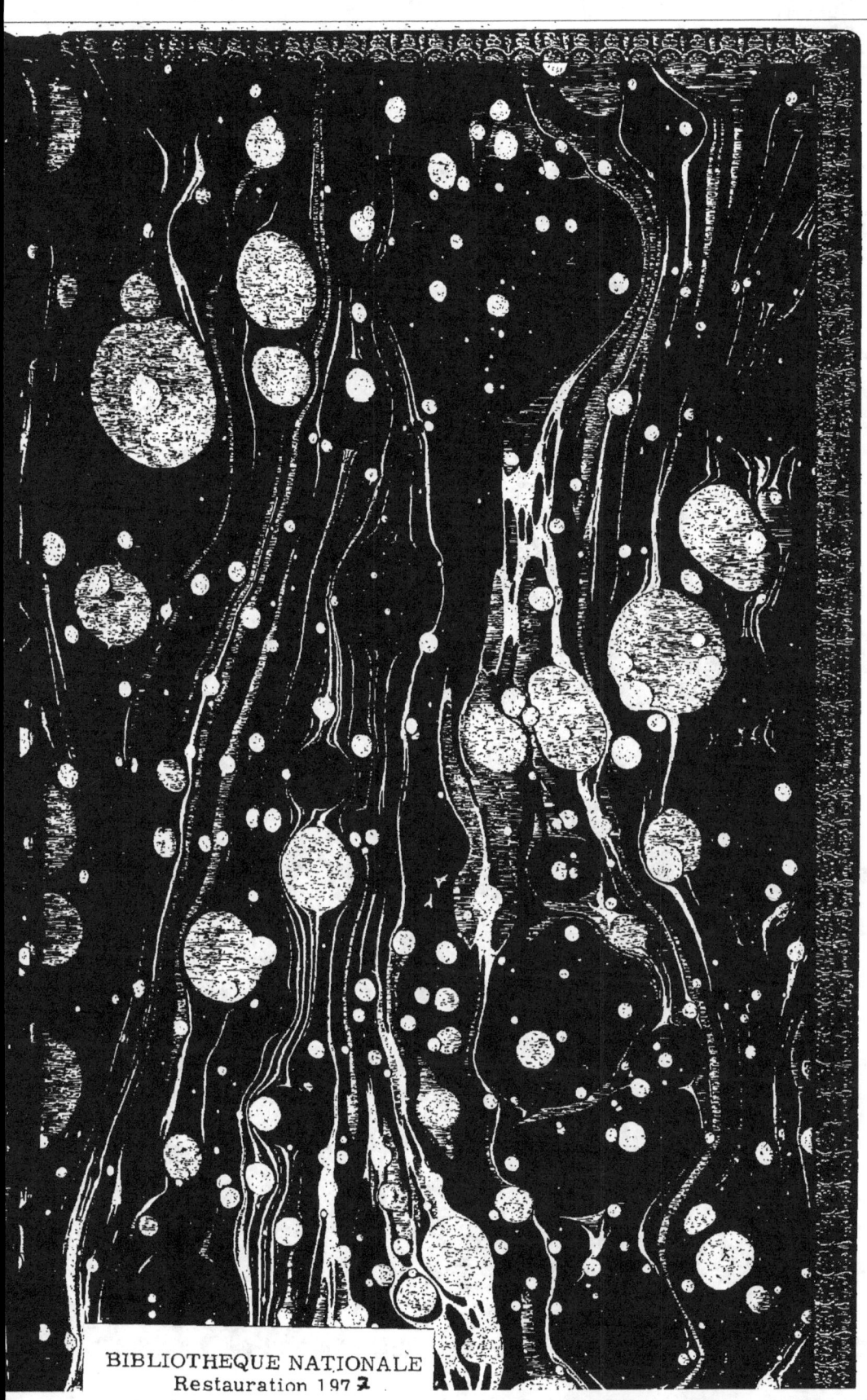

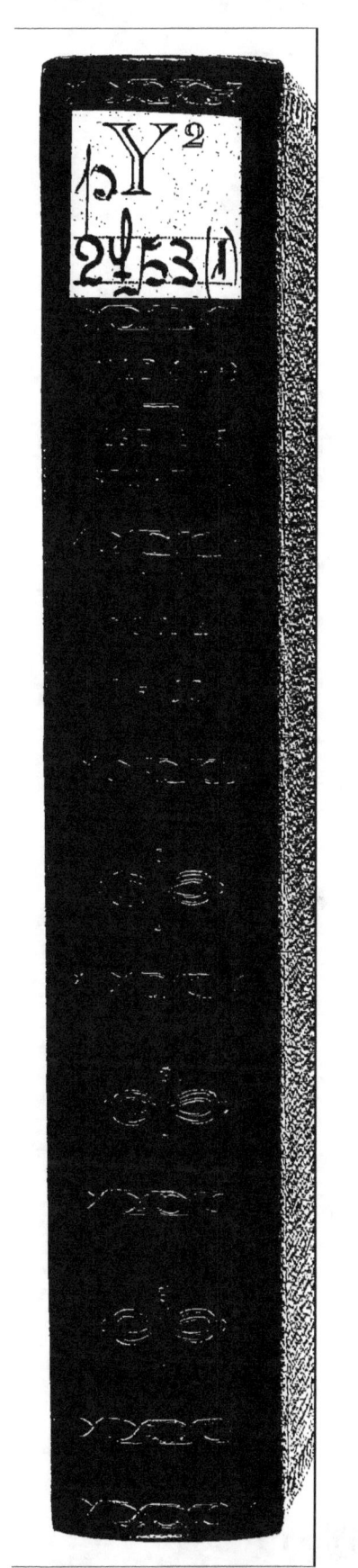

www.ingramcontent.com/pod-product-compliance
Lightning Source LLC
Chambersburg PA
CBHW060513230426
43665CB00013B/1500